# COMMENT CAPTER
# L'ATTENTION
## DE VOS PROSPECTS
### *ET LA MAINTENIR !*

**Formules de Mots Magiques**
pour le Marketing de Réseau

KEITH & TOM "BIG AL" SCHREITER

*Comment Capter L'Attention de Vos Prospects et La Maintenir !*

Publié par Fortune Network Publishing
PO Box 890084
Houston, TX 77289 USA

Telephone: +1 (281) 280-9800

BigAlBooks.com

ISBN-13: 978-1-948197-80-9

# TABLE DES MATIÈRES

# BIG AL
## WORKSHOPS

Ce livre est dédié aux gens de marketing
de réseau de partout.

Je voyage de par le monde plus de 240 jours chaque année.
Laissez-moi savoir si vous souhaitez que tienne une
formation (Big Al Training) dans votre secteur.

→**BigAlSeminars.com**←

Tous les livres de
Tom « Big Al » Schreiter
sont disponibles à :

**BigAlBooks.com/
French**

# PRÉFACE

Les prospects sont pré-qualifiés.

Ils veulent ce que nous avons à offrir. Dressons une liste de ce qu'ils veulent.

- De meilleures vacances.
- Un moyen de payer leur voiture.
- Un chèque de paie supplémentaire.
- Plus d'énergie.
- Travailler de la maison plutôt que de faire la navette au boulot.
- Une peau d'apparence plus jeune.
- Une bonne santé pour vivre plus longtemps.
- Rembourser leurs dettes.
- Des factures de services moins élevées.
- Perdre du poids.
- Un café plus savoureux et plus santé.
- La reconnaissance de leurs efforts.
- Une communauté de gens positifs.
- Des produits nettoyants écologiques pour prendre soin de l'environnement.
- Un maquillage qui met en valeur leur visage.
- Et bien plus encore.

C'est le type de choses que nous offrons par le biais du marketing relationnel.

Alors, pourquoi nos prospects ne profitent-ils pas à tout coup de nos offres fantastiques ?

Nous n'avons habituellement pas su capter leur attention.

Résultat ? Ils ne nous entendent pas. Nous perdons leur attention, et leurs esprits s'éloignent vers d'autres pensées. « Oh, regardez ! Il y a un écureuil. » Avec nos vies chargées, messages, notifications et toutes ces autres distractions, la capacité d'attention de nos prospects est plus courte que jamais.

Mais il y a pire.

Même si nos prospects arrivaient à se concentrer et à entendre notre message, ils peuvent toujours bloquer nos offres fantastiques avec leurs programmes et filtres négatifs.

Le plus beau message du monde est inutile si personne ne l'entend.

Soyons entendus.

Nos prospects pourront ensuite déterminer si notre message les sert ou non.

Ce livre contient des mots et des phrases magiques pour transmettre nos messages inspirants dans l'esprit de nos prospects.

- Keith et Tom « Big Al » Schreiter

# UNE BALADE TOUTE SIMPLE QUI EXPLIQUE TOUT.

Deux réseauteurs quittent leur domicile pour une promenade qui va changer leur vie.

Tous deux ont joint leurs entreprises plus tôt cette année. Ils ont fixé leurs objectifs et créé de magnifiques tableaux de visualisation sur leurs murs respectifs. Ils ont tous deux chanté des affirmations à voix haute de même que la chanson thème de leur compagnie. Ils croient en leur entreprise de tout leur cœur.

Durant leur marche quotidienne ce jour là, ils ont rencontré par hasard le même étranger.

L'un d'eux a ajouté un nouveau membre à son équipe. L'autre réseauteur est reparti les mains vides.

## Quelle était la différence ?

Tout était identique sauf... les mots qu'ils ont employés. Le premier réseauteur a utilisé des mots magiques et éprouvés. L'étranger a écouté et s'est senti interpellé par son message, puis a joint son équipe. Le second réseauteur a utilisé des mots ordinaires, aléatoires, non éprouvés... et est arrivé en deuxième position.

Malheureusement, le second réseauteur ne connaissait pas l'existence de ce vocabulaire particulier. Ses mots ont rebondi sur le front du prospect, sans jamais entrer dans son cerveau. Même le meilleur des messages est vain si nous n'avons pas l'attention de notre prospect.

Nous avons donc le choix. On peut continuer à « arpenter les rues, » à perdre des heures sur Internet, à acheter des prospects et à se retrouver constamment en deuxième position. (Il n'y a pas de bonus intéressant pour les deuxièmes places.)

Ou alors, nous pouvons apprendre et utiliser les formules de mots magiques qui ont fait leurs preuves et devenir des exemples de réussite en Marketing relationnel. Cette seconde option semble beaucoup plus intéressante... n'est-ce pas ?

## Qu'en est-il des SMS et des médias sociaux ?

Les mots magiques sont encore plus importants lorsqu'il s'agit de communiquer par SMS ou par les médias sociaux. Lorsque nos prospects ne peuvent pas voir notre visage, ou communiquer avec nous « en chair et en os, » comment nous jugent-ils ?

Par les mots que nous utilisons.

Sans mots magiques, ils nous jugeront sévèrement, jusqu'à nous ignorer. Aucune seconde chance possible.

Les simples SMS ne transmettent pas notre ton de voix, nos expressions faciales, notre langage corporel et notre charisme naturel. Qui plus est, les SMS peuvent facilement être mal interprétés. On ne veut pas laisser notre succès aux mains du hasard. Espérer et souhaiter avoir de la chance n'est pas un bon plan.

## Quels sont donc les mots magiques associés au marketing relationnel ?

Primo, ces formules de mots magiques captent l'attention de nos prospects. La plupart d'entre eux deviennent lunatiques après quelques phrases d'une présentation de vente ennuyeuse. Leurs esprits se laissent dériver vers des pensées plus agréables. On filtre instinctivement les discours de vente. Et si personne n'entend notre message, nous sommes cuits.

Deuxièmement, ces mots et phrases magiques nous aident à contourner les filtres et les blocages de nos prospects envers notre message. Nous avons un formidable message à faire passer et nous savons que celui-ci pourrait grandement aider nos prospects. Malheureusement, notre message se retrouve bloqué.

Notre message, s'il est improvisé, rebondit sur le front de nos prospects, se brise en petits morceaux et s'écrase sur le sol. Si nos messages n'entrent pas dans le cerveau de nos prospects, nous n'avons aucune chance. Notre merveilleux message se heurte à leur programmes et filtres :

- Trop bon pour être vrai.
- Alarme anti-vendeur.
- « Où est l'attrape ? »
- Négativité.
- Programmes de survie.
- Scepticisme.
- Déformation de l'information.

On voit cela se produire tout le temps. Notre message semble parfait pour nos prospects. Ils ont désespérément besoin des avantages que nous leur offrons... une solution parfaite ! Et puis nos prospects disent « non » à notre super proposition. Aïe !

Bien que cela puisse sembler absurde en apparence, on connaît maintenant le problème. Notre message n'est jamais entré dans la tête de nos prospects. Tous ces filtres et programmes étaient trop difficiles à surmonter.

## Les mots magiques viennent à notre secours.

Ces mots et ces phrases sont plus confortables et naturelles pour nos prospects. Ils nous aident à transférer de notre message dans leur cerveau.

Pensez-y. C'est tout ce qui compte à priori. On veut que nos prospects entendent et comprennent notre message. Et ensuite, on leur permet de décider si notre message leur servira ou non. Inutile de tenter de manipuler leurs décisions. Nous leur laissons la liberté de choisir.

On peut utiliser des mots et des phrases magiques partout.

- Dans la prospection.
- Dans la présentation.
- Dans la conclusion.
- Pour diriger la conversation ou la décision.
- Et oui, même pour motiver les autres.

Assez parlé des raisons pour lesquelles nous devrions utiliser des mots magiques; c'est le moment d'en apprendre quelques uns.

# CAPTER L'ATTENTION DE NOS PROSPECTS À L'AIDE DES MOTS MAGIQUES.

Quel est le bien le plus précieux dans l'esprit de nos prospects ?

L'attention.

L'attention est la nouvelle monnaie.

L'attention de nos prospects est en proie à une guerre sans merci. Les publicités, les messages, les notifications, les interruptions, les appels téléphoniques, les objets brillants et bien d'autres choses encore tentent de capter l'attention de nos prospects. Tout le monde veut s'approprier et monopoliser l'attention des autres.

On doit arriver à stopper complètement l'esprit de nos prospects, juste pour qu'ils nous remarquent. Sinon, on peut toujours parler, mais personne ne nous écoute. Leurs regards vides en disent long, il est clair que notre interlocuteur pense à autre chose pendant que nous bavardons.

Capter et maintenir l'attention de nos prospects pour transmettre nos messages est une tâche difficile. Heureusement, nous pouvons utiliser des mots magiques pour solutionner ce problème. Nous pouvons devenir l'élément intéressant qui fera sortir nos prospects de leur profonde transe hypnotique du train-train quotidien.

Commençons par une phrase simple qui permet de prendre le contrôle de l'esprit de nos prospects.

## « J'ai une bonne et une mauvaise nouvelle. »

C'est fait. Nous avons figé l'esprit de nos prospects. Sept mots.

Le programme de survie et le programme de curiosité prennent le contrôle lorsque nous prononçons ces sept mots. Nos prospects se disent : « Oh non ! Cela pourrait être important pour ma survie. Ce suspense est insoutenable. Et quelle est donc cette nouvelle excitante dont je ne suis pas au courant ? S'il te plaît, annonce-moi la nouvelle. »

On peut maintenant transmettre notre message à un public attentif.

Nous n'avons pas besoin d'être un psychologue chevronné ou une superstar de la lévitation pour capter l'attention de nos prospects. Il suffit de lancer ces sept mots : « J'ai une bonne et une mauvaise nouvelle. » Cette formule surprendra nos prospects et la terre cessera de tourner pour eux pendant au moins une dizaine de secondes, attendant avec impatience la nouvelle.

Dix secondes d'attention, c'est beaucoup. Nous pouvons faire passer beaucoup d'informations en dix secondes.

Maintenant que nous avons mérité dix secondes d'attention de la part de nos prospects, quel message aimerions-nous faire passer ? Voyons quelques exemples.

Imaginons que nous parlons à un couple. Alors que la conversation dérive vers notre entreprise, nous pourrions capter leur attention avec notre formule magique :

Nous : « J'ai une bonne et une mauvaise nouvelle. »

Couple : « Quoi ? Donnez-nous d'abord la mauvaise nouvelle, s'il vous plaît. »

Nous : « La mauvaise nouvelle est que peu importe les efforts que nous consacrons à notre travail, nous n'aurons jamais suffisamment d'argent pour prendre notre retraite. Les lois mathématiques rendent cela impossible. La bonne nouvelle, c'est qu'un second revenu peut vraiment changer les choses. »

Couple : « Alors comment peut-on générer un second revenu ? »

Notre couple est passé de l'état d'esprit semi-conscient, sur le pilote automatique, à l'état de prospects intéressés. Ils veulent savoir comment obtenir un second revenu. Combien de temps nous a-t-il fallu pour y arriver ? Quelques secondes.

En voici une autre.

Nous : « J'ai une bonne et une mauvaise nouvelle. »

Un couple : « Oh là là ! Quelle nouvelle ? »

Nous : « La bonne nouvelle, c'est qu'avec cette entreprise, on peut travailler de la maison 24 heures sur 24. La mauvaise nouvelle, c'est que notre patron et nos collègues de travail risquent de vous manquer. »

Couple : « Aucun problème. Nous pouvons vivre avec ça. Parlez-nous de votre entreprise. »

Le couple est-il ouvert d'esprit maintenant ? Oui. Plutôt que de chercher des raisons pour lesquelles notre entreprise **ne fonctionnera pas** pour eux, ils chercheront maintenant des raisons pour lesquelles notre entreprise **fonctionnera** pour eux. Ces dix secondes ont changé leur attitude par rapport au reste de notre message. Nous avons évité l'expérience négative de présenter notre entreprise à des prospects critiques et sceptiques. Nous avons créé un public favorable.

Il importe peu que nous placions la bonne ou la mauvaise nouvelle en premier. Lorsque nous utilisons ces sept mots, on fige le cerveau de nos prospects. Donc, l'ordre des nouvelles importe peu.

Et si on demande à nos prospects : « Quelle nouvelle aimeriez-vous entendre en premier ? » Ils voudront d'abord entendre la mauvaise nouvelle. Les humains sont programmés pour être à l'affut les mauvaises nouvelles. Question de survie. On veut savoir s'il y a des mauvaises nouvelles à l'horizon qui pourraient affecter notre survie.

Nos prospects peuvent-ils résister à ce gel du cerveau occasionné par notre formule magique ?

Non. C'est presque injuste.

Bien sûr, ils pourraient prétendre ne pas vouloir connaître la nouvelle, mais à quoi penseront-ils chaque fois qu'ils penseront à notre conversation ? Ils se diront : « Je me demande quelles étaient la bonne et la mauvaise nouvelle. »

Ces sept mots magiques sont faciles à utiliser. Stimulons maintenant notre créativité avec quelques exemples de conversations supplémentaires.

Nous : « J'ai une bonne et une mauvaise nouvelle. »

Couple : « Un instant. Réduisons le volume de la télé. Quelle est la nouvelle ? »

Nous : « La mauvaise nouvelle, c'est que l'assurance automobile, les frais médicaux et les impôts ne cessent d'augmenter, contrairement à nos salaires. Mais la bonne nouvelle, c'est que nous pouvons créer notre entreprise à temps partiel pour bénéficier d'importantes déductions fiscales comme les grandes entreprises. Cela peut nous aider beaucoup. »

Couple : « Ça semble intéressant, mais ça doit demander un gros investissement ? »

Nous : « Voici d'autres bonnes nouvelles. On peut créer une entreprise à temps partiel sans frais généraux et presque sans frais de démarrage. »

Couple : « Attendez un instant. Éteignons la télévision. On veut en discuter maintenant. »

Nos prospects nous accordent toute leur attention en éteignant le téléviseur. C'est un excellent présage.

***

Nous : « J'ai une bonne et une mauvaise nouvelle. »

Couple : « Quelle est la nouvelle ? »

Nous : « La mauvaise nouvelle est que nous allons tous mourir. Mais la bonne nouvelle est que ce produit nous aidera à retarder cet événement le plus longtemps possible. »

Couple : « Oh, sapristi ! Parlez-nous de ce produit. »

***

Nous : « J'ai une bonne et une mauvaise nouvelle. »

Collègue : « Je peux gérer les mauvaises nouvelles. Je travaille ici au même poste ennuyeux que vous. Alors dites-moi, quelle est cette mauvaise nouvelle ? »

Nous : « La mauvaise nouvelle est que le patron veut que nous fassions à nouveau des heures supplémentaires le samedi, il pourra ainsi obtenir une plus grosse prime de fin de l'année. Il construit une grande maison pour sa retraite. Mais la bonne nouvelle, c'est que j'ai trouvé quelqu'un qui pourrait nous aider à démarrer notre entreprise à temps partiel et nous procurer un plan d'évasion. Je vais prendre un café avec elle demain. Tu désires te joindre à moi ? »

Collègue : « Absolument ! Je dois commencer à faire quelque chose pour ma vie plutôt que pour celle du patron. »

## Attention.

Comme on peut le constater, l'attention est cruciale. Si les prospects n'entendent pas notre message, il ne se passe rien. Peu importe la qualité de notre message.

Qu'est-ce qui attire l'attention de nos prospects ? Quelque chose de différent. Quelque chose qui brise la routine.

Pendant la majeure partie de notre vie, on se déplace sur le pilote automatique. C'est seulement lorsque quelque chose ne semble pas à sa place que nous en prenons note.

Est-ce que notre cerveau se met en mode alerte quand on entend sonner à la porte ? Quand la foudre frappe ? Quand un monstre géant entre dans la pièce ? (D'accord, légèrement exagéré.)

Alors, quand on dit qu'on a de bonnes nouvelles, nos prospects se disent : « Oups, quelque chose se passe. Je devrais être attentif. »

Et quand on annonce qu'on a de mauvaises nouvelles, nos prospects pensent : » Voilà qui est nouveau. Ça semble inquiétant. Ma survie est peut-être menacée. Je devrais prêter attention à cette nouvelle. »

Pour attirer l'attention de nos prospects, il faut penser « grand, audacieux, nouveau, inhabituel, excitant, inattendu, différent. » Les gens ont une capacité d'attention réduite. On ne peut pas s'attendre à ce que cela change. On doit plutôt ajuster nos mots pour capter leur attention.

Il est facile de calmer l'esprit de nos prospects afin qu'ils puissent entendre notre message. Ces sept mots, « J'ai une bonne et une mauvaise nouvelle, » accomplissent rapidement le travail.

Une fois que nos prospects sont à l'écoute, on peut alors insérer nos problèmes et solutions dans la conversation. Nos prospects entendent notre message haut et fort. Ils détermineront si notre message leur sera utile ou non.

## Est-ce la seule combinaison de mots dans toute l'histoire de l'humanité ?

Bien sûr que non. La beauté avec les mots et les phrases magiques, c'est que nous avons l'embarras du choix. Et plus nous en connaissons, plus il est facile de faire entendre notre message.

Quand on découvre pour la première fois à quel point c'est facile, on pense à tous les prospects que l'on a ruinés par le passé. On ne peut pas changer notre passé. Mais on peut agir et façonner notre avenir. On veut donner à chaque prospect la chance d'entendre notre message haut et fort.

Alors, quelle autre phrase pourrait-on utiliser ?

## « Il existe deux types de personnes dans le monde. »

Une fois de plus, on fige l'esprit de nos prospects, cette fois-ci en neuf mots. Le programme de survie et le programme de curiosité prennent à nouveau le contrôle lorsqu'on prononce ces neuf mots. Nos prospects pensent : « Oh non ! Ma survie pourrait en dépendre. Chuuut ! Ce suspense me tue ! Je me demande bien quels sont les deux types différents ? Et de quel type suis-je ? »

On peut maintenant transmettre notre message à un public attentif. Nos prospects deviennent comme des chiots qui attendent une friandise. La queue qui remue, la bave qui coule, la pleine attention.

Vous ne croyez pas que ces mots fonctionnent ? Essayez ceci.

Dans une conversation, dites : « Il y a deux types de personnes dans le monde. » Puis, ne dites rien d'autre. Attendez. Et attendez. Le suspense rendra vos interlocuteurs fous.

C'est le moment de s'amuser. Voici quelques exemples de la façon de formuler ces neuf mots pour d'y inclure notre message.

- « Il existe deux types de personnes dans le monde.
  Ceux qui essaient de s'en sortir avec un seul chèque de paie, et ceux qui savent comment obtenir un deuxième chèque. »

Nos prospects peuvent choisir dans quel groupe ils veulent être. Ils peuvent poursuivre leur vie telle qu'elle est. Ou bien, ils peuvent lever la main et se porter volontaires en disant : « Hé, donnez-moi plus d'information. Comment obtenir un deuxième chèque de paie ? »

Remarquez que nous n'avons fait que donner une option à nos prospects ? Ils pourraient ignorer notre option, ou se porter volontaires pour la saisir. Aucun rejet. Confortable pour tout le monde. Regardons quelques exemples supplémentaires.

- « Il existe deux types de familles dans le monde. Celles qui prennent des vacances ordinaires, et celles qui prennent des vacances dont elles se souviendront toujours. »

Selon vous, quels seront les prochains mots de nos prospects ? La plupart des prospects vont ouvrir leurs oreilles et leurs esprits en répondant : « Comment ça fonctionne ? »

Cela peut sembler trop facile. Mais faire ouvrir les esprits avec des mots magiques est simple à maîtriser; quelques minutes suffisent ! Voici d'autres exemples d'utilisation de cette formule magique d'introduction.

- « Il existe deux types de gens qui font des régimes. Ceux qui mangent des aliments bizarres, font de l'exercice, se privent de nourriture et constatent que le poids revient sans cesse. Et, il y a ceux qui perdent du poids une fois et le maintiennent pour toujours. »
- « Il y a deux types de personnes dans le monde. Celles qui ont un avocat à leur disposition au bout du fil, et celles qui se font exploiter. »
- « Il y a deux types de personnes dans le monde. Celles qui luttent pour rester éveillés l'après-midi au boulot, et celles qui ont de l'énergie toute la journée. »
- « Il y a deux types de personnes dans le monde. Celles qui essaient de faire disparaître leurs rides en appliquant des crèmes et des lotions sur leur peau, et celles qui font disparaître leurs rides en se nourrissant mieux de l'intérieur. »

- « Il y a deux types de personnes dans le monde. Celles qui utilisent du maquillage et des cosmétiques bon marché, et celles qui désirent se mettre en valeur chaque jour de leur vie. »
- « Il y a deux types de gens dans le monde. Ceux qui utilisent des produits nettoyants chimiques dans leurs maisons, et ceux qui se soucient de l'environnement en utilisant plutôt des produits écologiques. »
- « Il y a deux types de personnes dans le monde. Celles qui se battent tous les jours contre le trafic pour faire la navette au travail, et celles qui apprécient de pouvoir travailler de la maison. »
- « Il y a deux types de personnes dans le monde. Celles qui veulent faire quelque chose pour leur santé, et celles qui abandonnent et ne s'en soucient plus. »
- « Il y a deux types d'étudiants dans le monde. Ceux qui décrochent leur diplôme avec une énorme dette d'études, et ceux qui obtiennent leur diplôme tout en développant une entreprise à temps partiel qui remboursera leurs prêts d'études. »
- « Il existe deux types de propriétaires dans le monde. Ceux qui paient trop cher leurs services publics, et ceux qui obtiennent des économies supplémentaires qui peuvent les aider à rembourser leur hypothèque. »
- « Il y a deux types de femmes dans le monde. Celles qui vont à leur réunion de lycée en affichant clairement les 20 ans qui se sont écoulées, et celles qui rendent jalouses toutes leurs camarades de classe. »
- « Il existe deux types de conducteurs dans le monde. Ceux qui stressent à chaque fois qu'ils dépassent

légèrement la limite de vitesse, et ceux qui connaissent le secret pour éviter les contraventions. »

- « Il y a deux types de personnes dans le monde. Celles qui paient leurs factures de services publics le prix fort, et celles qui bénéficient d'une remise automatique chaque mois. »
- « Il y a deux types de gens dans le monde. Ceux qui apprécient les factures de téléphone portable élevées, et ceux qui obtiennent un meilleur service pour moins cher. »
- « Il y a deux types de gens dans le monde. Ceux qui se plaignent de leur manque d'argent, et ceux qui savent comment en obtenir plus. » (Devinez ce que nos prospects diront ensuite.)

# LES PROSPECTS NOUS JUGENT... SÉVÈREMENT.

Nous n'avons qu'une seule chance de faire une bonne première impression. Nos premiers mots peuvent faire une énorme différence. Le choix des bons mots pour démarrer une conversation avec les prospects augmentent considérablement nos chances de donner une impression favorable.

Les mots magiques que nous utilisons doivent être modérés. Il faut éviter d'alarmer ou d'insulter nos prospects. On ne veut pas provoquer le rejet. Lorsqu'on entretien de bonnes relations avec des prospects, de bonnes choses se produisent.

Inutile de compliquer les choses. Par exemple, voici une séquence de deux mots qui permet de figer le cerveau de nos prospects, histoire de pouvoir transmettre notre message.

## « Devinez quoi ? »

Quelle est la réponse la plus probable à laquelle on peut s'attendre ?

« Je ne sais pas, quoi ? »

Et maintenant, l'esprit de nos prospects est en alerte et il attend la réponse.

Voici quelques exemples.

Nous : « Devine quoi ? »

Prospects : « Quoi ? »

Nous : « On peut maintenant perdre du poids tout en mangeant tout le chocolat qu'on veut. »

On attend ensuite la réaction et la réponse. Si nos prospects aiment le chocolat et veulent perdre du poids, ils se vendent l'idée avant même que nous ne débutions notre prochaine phrase. Ils se disent peut-être : « Voici, prends tout mon argent et apporte le chocolat ! »

Nous : « Devinez quoi ? »

Prospects : « Euh, je ne sais pas. Quoi ? »

Nous : « J'ai commencé à utiliser un nouveau sérum pour le visage la semaine dernière, et mon mari remarque déjà la différence. Mes rides diminuent. »

Si nos prospects s'inquiètent de leurs rides, ils se porteront volontaires et diront : « Ça semble génial. Donnez-moi plus de détails. » Leurs esprits prennent la décision d'essayer quelque chose de nouveau. Tout ce que nous avons à faire, c'est de cueillir les volontaires. Si quelqu'un n'est pas intéressé, il peut tout simplement changer de sujet. En voici quelques autres.

Nous : « Devinez quoi ? »

Prospects : « Allez-y. »

Nous : « J'ai fait réduire mes primes d'assurance. Maintenant, j'ai plus d'argent pour nos activités familiales du week-end. »

Nous : « Devinez quoi ? »

Prospects : « Dites-nous. »

Nous : « Je vais créer ma propre entreprise, mais sans aucun risque. Je vais commencer à temps partiel pour faire la transition. »

***

Nous : « Devine quoi ? »

Prospects : « J'abandonne. Quoi ? »

Nous : « Je vais débuter une nouvelle carrière. Travailler ici est loin d'être l'avenir dont je rêve. »

***

Nous : « Devine quoi ? »

Prospects : « Quoi ? »

Nous : « J'ai reçu mon premier chèque de bonus de mon entreprise à temps partiel. Je vais l'utiliscr pour payer quelques factures. »

***

Nous : « Devine quoi ? »

Prospects : « Euh, on donne notre langue au chat. Quoi de neuf ? »

Nous : « Je peux obtenir des vacances au prix du grossiste maintenant. Ma famille et moi pourront désormais prendre de grandes vacances pour pas cher. »

Deux mots. Attention immédiate des prospects. Ouverture des esprits. Aucune vente forcée. Pas de rejet. Tout ce que nous reste à faire, c'est de cueillir les volontaires qui connectent avec notre message.

## Maintenant, ces mots magiques commencent à prendre tout leur sens.

Les êtres humains ont le cerveau paresseux. Que font les prospects quand on leur parle ? Ils écoutent quelques mots clés, prennent une décision rapide sur ces mots, puis s'éloignent pour réfléchir à autre chose. C'est la raison pour laquelle on nous juge si rapidement.

Une façon simple d'illustrer ce point est de décortiquer un appel téléphonique visant à obtenir un rendez-vous auprès d'un ami. Examinons les mots qu'on utilise, et ce à quoi notre ami pense en entendant ces mots.

Attention, ça risque d'être douloureux.

Nous : « Salut mon ami. »

Ami : (Oh-oh. Tu vas me demander une faveur. J'espère que tu ne me demanderas pas un prêt. Ou encore, de déménager des meubles. Je déteste trimbaler des meubles.)

Nous : « Je viens de joindre une toute nouvelle entreprise... »

Ami : (Oh non. Ça ne va pas bien se terminer. Tu vas me demander d'acheter quelque chose ou de faire quelque chose que je ne veux pas faire. Comment puis-je m'en sortir ?)

Nous : « Et j'aimerais te faire une présentation. »

Ami : (Une présentation ? Alerte ! Un vendeur ! Apparemment, tu vas me présenter quelque chose pendant une heure et tu vas me rendre mal à l'aise si je n'achète pas ou si je ne participe pas. Je déteste les présentations.)

Nous : « Je n'ai besoin que de 30 minutes de ton temps. »

Ami : (30 minutes ? Je n'ai même pas 30 secondes. J'ai des milliers d'autres décisions à prendre. Je ne peux pas mettre ma vie sur pause pour me taper un discours de vente afin d'acheter les affaires des autres.)

Nous : « Quel serait le meilleur moment pour passer ? Mardi à 14 heures ou jeudi à 16 heures ? »

Ami : (Un extraterrestre a-t-il pris possession de ton corps ? Tu ne parles pas comme ça habituellement. On dirait un vendeur sordide d'un film de série B des années 70.)

Et la situation s'envenime... personne ne veut en arriver là.

Personne ne veut faire des cauchemars en se remémorant ce type d'appel.

Vous avez remarqué vous aussi comme certains mots déclenchent de mauvais sentiments ou perceptions dans le cerveau ?

Si certains mots ont le pouvoir de faire dire « non » à notre cerveau, alors il est raisonnable de croire que certains mots ont le pouvoir de faire dire « oui » à notre cerveau. La question qu'on doit se poser est donc la suivante : « Si je dois parler d'une façon ou d'une autre, quels mots devrais-je utiliser ? Dois-je utiliser les mots qui déclenchent des « non, » ou dois-je utiliser les mots qui génèrent des « oui » ?

Inutile d'être ingénieur aérospatial pour répondre à cette question. N'est-il pas formidable d'apprendre que certains mots et expressions fonctionnent, et que nous avons le pouvoir de choisir ces mots ?

Vous êtes prêts pour d'autres petites phrases magiques ?

## « Eh bien, vous savez comment... »

Voilà une excellente façon d'introduire notre entreprise ou nos produits dans la conversation. Nos prospects entendent ces mots tous les jours de la bouche des autres. Par exemple, imaginons que nous sommes à la machine à café au travail. Nos collègues commencent à se plaindre comme d'habitude. Ils disent des choses telles que :

« Eh bien, vous savez à quel point la circulation est intense sur l'autoroute 201 tous les jours ? »

« Eh bien, vous savez que la compagnie nous fournit gratuitement du café qui a un goût exécrable ? »

« Eh bien, tu sais comme il pleut toujours le week-end ? »

« Eh bien, tu sais à quel point ce travail mobilise une grande partie de notre semaine ? »

Tout le monde entend ces mots tous les jours. On ne fait même plus attention à ces mots quand on les entend. Ces mots font partie du « bruit » quotidien autour de nous. Mais lorsqu'on prononce ces mots, nos prospects sont prêts à croire ce que nous dirons ensuite.

J'élabore davantage sur cette formule magique dans mon livre: « Comment établir instantanément Confiance, Crédibilité, Influence et Connexion ! 13 façons d'ouvrir les esprits en s'adressant directement au subconscient.»

Voici la clé de cette formule de mots. Lorsqu'on prononce ces cinq mots, nos interlocuteurs se mettent à hocher la tête et à sourire en une fraction de seconde, et ce, avant même qu'ils n'aient entendu la fin de notre phrase ! C'est l'une des phrases les plus sécuritaires pour introduire notre entreprise et nos produits dans une interaction sociale. Voici d'autres exemples d'utilisation de cette phrase pour diriger les conversations dans la bonne direction.

« Eh bien, vous savez combien il est difficile d'avancer aujourd'hui ?»

« Eh bien, vous savez à quel point on veut tous vivre plus longtemps ?»

« Eh bien, vous savez combien on désire que notre visage offre une excellente première impression ?»

« Eh bien, tu sais combien l'exercice physique interfère avec notre semaine ?»

« Eh bien, tu sais à quel point nous sommes fatigués l'après-midi ?»

« Eh bien, vous savez combien les week-ends sont tellement plus amusants ? »

Quand on utilise cette phrase, les gens devant nous se sentent bien. Tout ce qu'on leur dira par la suite leur semblera familier. On crée une connexion et une conversation agréable.

C'est l'une des formules de mots magiques les plus faciles à mettre en pratique. Insérez cette séquence de mots devant vos dictons préférés et constatez à quel point les gens se détendent. Après une semaine de pratique, nous en auront presque créé l'habitude.

## « C'est peut-être votre tasse de thé, ou pas, mais... »

Dans les années 1970, j'ai participé à un atelier pour apprendre de nouvelles techniques afin de développer mon entreprise de marketing de réseau. Le formateur, John Walker, a dit : « Facilitez-vous la vie et évitez le rejet lorsque vous parlez aux gens. Donnez-leur une porte de sortie naturelle afin que, s'ils ne sont pas intéressés, ils ne soient pas incommodés. En retour, ils resteront polis avec vous. »

Ça semblait génial comme idée. Je détestais le rejet. La solution parfaite pour les introvertis timides comme moi. Lorsqu'on donne aux prospects un moyen de nous dire « non » gentiment, ils n'ont pas besoin d'inventer des objections bidon du type : « C'est une pyramide. J'ai besoin de faire des recherches sur le sujet pendant un certain temps. Je dois d'abord demander aux écureuils de mon jardin. »

Il a poursuivi en suggérant la formule suivante : « C'est peut-être votre tasse de thé, ou pas, mais... »

Wow ! Ces mots magiques ont vraiment facilité la prospection pour moi. Je pouvais maintenant dire des choses comme :

« C'est peut-être votre tasse de thé, ou pas, mais j'ai récemment créé une nouvelle entreprise. J'ai pensé que vous pourriez aussi être intéressé. »

« C'est peut-être votre tasse de thé, ou pas, mais je viens de trouver une façon de créer une entreprise à temps partiel qui n'interfère pas avec mon travail. Est-ce une possibilité que vous aimeriez également examiner ? »

« C'est peut-être votre tasse de thé, ou pas, mais je renonce désormais à faire la navette, je préfère travailler de la maison. Vous détestez aussi faire la navette pour le travail ? »

« C'est peut-être votre tasse de thé, ou pas, mais avez-vous déjà songé à devenir votre propre patron ? »

« C'est peut-être votre tasse de thé, ou pas, mais je pense savoir comment gagner beaucoup d'argent. »

« C'est peut-être votre tasse de thé, ou pas, mais c'est quelque chose qui pourrait nous aider à prendre une retraite anticipée. »

Voici ce qui s'est passé lorsque j'ai utilisé cette phrase. La plupart des prospects disaient : « Dites-m'en plus. » Maintenant, j'avais devant moi quelqu'un avec l'esprit un peu plus ouvert à recevoir mon message. Et tout le monde se sentait mieux. C'est important.

Si « tasse de thé » n'est pas une expression familière dans votre région, vous pouvez la remplacer « Ça pourrait peut-être vous intéresser, ou pas, mais... » ou encore, « C'est peut-être dans vos cordes, ou pas, mais... »

Voici quelques exemples rapides.

« Cela pourrait peut-être vous intéresser, ou pas, mais j'ai trouvé un moyen de mieux dormir la nuit. »

« Cela pourrait peut-être vous intéresser, ou pas, mais Mary m'a dit avoir découvert un excellent moyen de perdre du poids rapidement. »

« C'est peut-être dans vos cordes, ou pas, mais on peut maintenant voyager et bénéficier de grosses réductions. »

« Cela pourrait vous intéresser, ou pas, mais j'ai un produit qui permet à notre visage de remonter le temps. »

## « Le piège. »

Le mot « piège » évoque toutes sortes d'émotions négatives dans notre cerveau. C'est une formule célèbre qui capte l'attention :

« Le piège _____. »

Voici quelques exemples pour amorcer notre créativité.

- Le piège du travail.
- Le piège du trajet travail-maison.

- Le piège des rides.
- Le piège des régimes amaigrissants.
- Le piège des « vacances infernales. »
- Le piège de la retraite.
- Le piège de la garderie.
- Le piège de l'épargne-retraite.

Le mot « escroquerie » produit le même effet. Facile d'intéresser les auditeurs et les lecteurs.

## « Controverse ! »

Une déclaration ou un titre controversé se démarque. On lui accorde notre attention.

Quelles déclarations controversées pourraient choquer nos prospects ? En voici quelques unes.

- L'exercice est surévalué.
- Les fruits sont mauvais pour la santé.
- Les comptes épargne sont dépassés.
- Le stress lié aux responsabilités fait que les hommes meurent prématurément.
- Les voitures devraient être interdites.
- Les boutons d'acné sont bons pour nous.

Une fois que nous avons capté leur attention, on leur explique pourquoi on a choisi ces mots. Ils écouteront notre message. Voici un exemple.

« Cessez de sur-éduquer vos enfants ! »

« La science prouve que le plus grand facteur de succès est l'action. Remplacer l'action par l'éducation ne fait que préparer nos enfants à des emplois de bas niveau, sans intérêt, au service des personnes qui ont su agir dans leur vie. On dit souvent que les élèves ‹ A › finissent par travailler pour les élèves ‹ C › qui ont créé leur propre entreprise. »

## Pourquoi toutes ces phrases sont-elles si simples ?

Parce que notre cerveau est paresseux. On aime prendre des décisions automatiques basées sur ce que l'on sait. Notre subconscient mémorise ces décisions pour nous.

Cependant, si on nous transmet beaucoup de nouvelles informations ou de nouveaux défis, notre esprit conscient devra travailler dur. Notre cerveau déteste cela.

Bien sûr, on préfère penser que nous réfléchissons consciemment à toutes nos décisions. Malheureusement, ça n'est pas le cas. Pour préserver la précieuse énergie de notre cerveau, on utilise des raccourcis.

Lorsque notre cerveau est confronté à quelque chose de nouveau, il essaie de le relier à quelque chose de familier pour lui permettre de prendre une décision rapide. Il modifie souvent la question pour la rendre plus simple. Voici un exemple.

Un vendeur fait une présentation longue et complexe. Beaucoup d'informations, de vidéos et trop de choix. Notre cerveau peut faire deux choses.

#1. Réfléchir soigneusement à toutes les informations. Penser aux conséquences des choix. Ouah ! Ça représente beaucoup de travail, et ça prendra beaucoup de temps. Et puisque nous avons des milliers d'autres décisions en attente dans notre cerveau, on se sent stressés.

Ou,

#2. Résumer l'ensemble de notre rencontre avec ce vendeur à l'intérieur d'une question plus simple. « Est-ce que j'aime les vendeurs et est-ce que je leur fais confiance ? » Question qui génère la réponse « non » de façon rapide et automatique. Excellent ! C'était beaucoup plus simple. Je peux maintenant passer aux autres décisions en suspend, comme par exemple quelle émission je regarderai ce soit à la télé.

Voilà pourquoi on doit faire en sorte que le tout demeure simple.

La stratégie la plus intelligente et efficace consiste à attirer l'attention de nos prospects et à leur transmettre un message court et clair. C'est plus agréable à traiter pour le cerveau de nos prospects.

Mais on ne fait que commencer. Que pouvons-nous dire d'autre pour attirer l'attention de nos prospects ?

# UTILISER DES MOTS MAGIQUES DANS NOS PRÉSENTATIONS.

C'est formidable de capter l'attention de nos prospects, mais c'est un autre défi de la maintenir.

Nos prospects se lassent rapidement. On doit constamment les réengager en utilisant des mots et des phrases magiques tout au long de notre présentation. Ce qui signifie que nous avons besoin de diverses astuces pour les amener à penser : « Hé ! Je dois faire attention à ce que vous allez dire ensuite. »

La plupart de ces phrases magiques fonctionnent à tout moment. On peut les utiliser au début, au milieu ou à la fin de notre présentation. Tout ce qui compte après tout, c'est que nos prospects entendent notre formidable message.

Examinons quelques phrases magiques, simples et rapides.

## « Ne me croyez pas sur parole. »

Les prospects sont sceptiques. Pourquoi ne le seraient-ils pas ? Tout le monde essaie de leur vendre quelque chose, de les manipuler, de les influencer et de leur proposer des projets partout où ils vont. Alors comment surmonter ce scepticisme ? Nous pouvons simplement leur en faire prendre conscience en disant : « Ne me croyez pas sur parole. »

Cette formule empêche les prospects de nous juger et de mettre en doute notre crédibilité. Nos prospects se diront : « Alors, qui dois-je croire sur parole ? Je me sentirai mieux si j'obtiens des preuves d'une source extérieure ou d'une tierce partie. » Voici quelques façons d'utiliser cette phrase dans des situations courantes.

« Ne me croyez pas sur parole. Fiez-vous à votre propre expérience. » (Espérons que l'expérience personnelle de notre prospect validera ce que nous disons.)

« Ne me croyez pas sur parole. Regardez ce que disent les experts. »

« Ne me croyez pas sur parole : c'est une super opportunité. Examinez plutôt les preuves. L'entreprise offre une garantie de remboursement à 100%. Le feraient-ils s'ils n'étaient pas convaincus de vos chances de réussite. »

« Ne me croyez pas sur parole. Dans 30 jours, regardez dans le miroir et constatez par vous-même. »

« Ne me croyez pas sur parole. Allons sur Internet dès maintenant et regardons ce que les autres doivent payer pour le même voyage en le comparant à notre prix réduit spécial. »

« Ne me croyez pas sur parole. Le gouvernement a dressé une liste de tous les ingrédients nocifs que nous devrions éviter. »

« Ne me croyez pas sur parole. Identifiez les pires problèmes de peau dont vous souffrez, et voyez ce que cette crème peut faire en quatre jours seulement. »

C'est une excellente formule pour combattre le scepticisme naturel de nos prospects.

### « Mais voici une idée encore meilleure. »

« Une meilleure idée ? Ça semble intéressant ! Quelle est cette meilleure idée dont vous parlez ? »

Voilà une excellente façon de récupérer l'attention de nos prospects. Nous avons peut-être enterré nos prospects sous les faits, les caractéristiques et les avantages. Cela devient vite abrutissant. On parle de nos choses plutôt que d'eux. Cette phrase prévient nos prospects que nous sommes sur le point de dire quelque chose de nouveau et d'intéressant. Ils veulent l'entendre.

Quelques exemples ?

« Mais voici une idée encore meilleure. Au lieu de prendre votre petit-déjeuner actuel qui fait croître votre tour de taille, buvez notre boisson minceur au petit-déjeuner. Votre déjeuner vous permettra désormais de maigrir un peu chaque jour. »

« Mais voici une idée encore meilleure. Au lieu de budgétiser à l'extrême, pourquoi ne pas profiter de la quiétude de recevoir un second revenu chaque mois ? »

« Mais voici une idée encore meilleure. Au lieu de combattre les rides de l'extérieur avec des crèmes et des lotions, combattez ce qui occasionne les rides, mais de l'intérieur. »

« Mais voici une idée encore meilleure. Au lieu de montrer à vos enfants des photos de Disney World, emmenez-les à Disney World ! Comment ? En créant un second revenu grâce à notre entreprise de voyage. »

« Mais voici une idée encore meilleure. Au lieu de passer des heures à faire du bénévolat pour ramasser des ordures afin d'aider l'environnement, passez à des produits de nettoyage naturels chez vous. Vous aurez un impact plus durable qu'un ramassage unique. »

« Mais voici une idée encore meilleure. Payez les études universitaires de votre enfant avec une entreprise à temps partiel. Ensuite, votre enfant obtiendra son diplôme sans prêt étudiant. »

« Mais voici une idée encore meilleure. Au lieu de demander constamment aux enfants d'éteindre les lumières, permettez-nous de vous envoyer une facture d'électricité moins élevée. »

## « Considérez ceci. »

On dirait presque une commande. Mais lorsqu'on dit: « Considérez ceci, » nos prospects nous accordent immédiatement leur attention. Ils sentent qu'ils sont sur le point de recevoir une offre. Ou alors, qu'ils vont entendre parler de quelque chose qui pourrait être profitable pour leur avenir. Examinons quelques exemples.

« Considérez ceci. On peut prolonger sa vie grâce à une alimentation soigneusement planifiée. »

« Considérez ceci. Les emplois dans les entreprises ne sont plus aussi sûrs que jadis, alors on recherche la sécurité financière d'un second revenu. »

« Considérez ceci. Les rides se forment, un jour ou l'autre. Désormais, on peut faire quelque chose pour ces rides. »

« Considérez ceci. Les régimes ne fonctionnent pas. On doit être plus astucieux que ça. »

« Considérez ceci. On ne peut jamais prendre sa retraite en occupant un emploi. Il n'y a pas assez d'argent qui entre pour s'en sortir. »

« Considérez ceci. Les vacances devraient créer des souvenirs en famille. Ce programme nous montre comment prendre des vacances en famille à prix réduit. »

« Considérez ceci. Les trajets maison-travail sont une perte de temps qu'on ne pourra jamais récupérer. »

Si on utilise « Considérez ceci » avec nos prospects, ils seront attentifs à nos prochaines phrases.

## « Ce qui veut dire. »

« Ce qui veut dire » est une excellente formule pour clarifier jargon et mots techniques. Elle permet à nos prospects de comprendre ce dont on parle. Lorsqu'on dit « volume du groupe, » nos prospects ne comprendront pas ce qu'on veut dire. Alors, on complète l'information avec les mots « ce qui veut dire. » Voici deux exemples rapides.

On pourrait dire : « Nous sommes payés sur le volume de notre groupe, ce qui veut dire les ventes de toutes les personnes que nous parrainons, et les personnes qu'elles parrainent, etc. »

Ou encore : « Nous utilisons la toute dernière technologie des liposomes, ce qui veut dire que notre produit entre directement dans nos cellules pour une efficacité maximale. »

« Ce qui veut dire » est un outil puissant pour clarifier des éléments plus difficiles à comprendre. Mais il y procure un avantage encore plus important.

« Ce qui veut dire » attire aussi l'attention de nos prospects. Lorsqu'ils entendent ces mots, ils pensent : « Une explication arrive. Cela m'aidera à comprendre. Je devrais y prêter attention. »

Cette phrase « ce qui veut dire » (variante: « ce qui signifie » ) les fera sortir de leur mode somnolence et ravivera leur attention. Voyons quelques exemples.

« Dans notre métier, nous avons un parrain, ce qui signifie que nous avons une personne expérimentée pour nous aider à démarrer. »

« Nos produits procurent des résultats rapides, ce qui veut dire que nos clients verront des résultats immédiats et seront enchantés. »

« Vous pouvez créer un revenu à temps partiel avec nous, ce qui signifie que vous pouvez rembourser votre dette de carte de crédit plus rapidement. »

« Avec notre programme amaigrissant, tout ce que vous aurez à faire sera de changer votre petit déjeuner, ce qui veut dire que vous n'aurez plus à vous sous-alimenter. »

« Cette entreprise est simple, ce qui signifie que je peux vous l'expliquer en seulement deux minutes. »

« Votre entreprise de marketing relationnel peut croître, ce qui signifie que vous pourriez éventuellement travailler de la maison plutôt que de devoir faire la navette tous les jours. »

« Vous pouvez rejoindre nos avocats en cas d'urgence, ce qui veut dire que vous n'aurez jamais à vous inquiéter si quelqu'un tente de profiter de vous. »

« Nos produits sont écologiques, ce qui signifie que vous protègerez l'environnement chaque fois que vous les utiliserez. »

« Ce qui signifie » est une formule efficace pour réengager nos prospects en clarifiant notre message.

## « Par exemple. »

Nos cerveaux aiment les concepts simples. On ne veut pas trop réfléchir.

Comment indiquer à nos prospects que nous sommes sur le point de leur simplifier les choses ? Avec les mots « par exemple. » En utilisant les mots « par exemple, » on ravive l'attention de nos prospects dans la conversation.

Voici quelques exemples.

« Par exemple, disons que vous continuez à travailler jusqu'à l'âge de 65 ans. Pensez-vous alors avoir suffisamment d'épargne-retraite pour bien vivre encore 20 ou 30 ans ? »

« Par exemple, la plupart des produits d'entretien ménager sont pleins d'ingrédients chimiques. Ils endommagent nos cours d'eau. »

« Par exemple, vous avez bien appris à utiliser un téléphone intelligent, alors vous pouvez sans doute apprendre les techniques de notre entreprise. »

« Par exemple, supposons que vous êtes arrêté par la police, et que la situation se détériore. Cette carte de membre vous permet de rejoindre immédiatement un avocat au téléphone. »

« Par exemple, même si vous obtenez une augmentation de 5% cette année, elle ne suffira pas à suivre l'inflation. »

« Par exemple, même si tout le monde au bureau travaillait plus dur, seul le patron bénéficierait d'une plus grande maison pour sa retraite. »

« Par exemple, remplacez votre traditionnel petit-déjeuner coûteux et trop riche en calories par cette boisson protéinée. Ça vous permettra de perdre du poids facilement. »

« Par exemple, la plupart des rides commencent vers l'âge de 30 ans, mais les gens avisés savent comment en retarder l'apparition. »

« Par exemple, ce petit comprimé offre la même valeur nutritive qu'un kilo de laitue. »

« Par exemple, ma sœur a utilisé cet abonnement-voyage et elle a économisé 300 dollars sur le prix le plus bas disponible sur le web. »

Nos prospects adorent les exemples.

## « Avez-vous parfois le sentiment que quelque chose ne va pas ? »

On dirait le début d'un film d'horreur, n'est-ce pas ? Eh bien, c'est un excellent appât pour attirer l'attention des gens.

Qu'est-ce qui vient ensuite ? Une histoire, bien sûr.

Nos prospects vont maintenant écouter notre message.

Vous n'êtes pas doué pour créer de petites histoires ? Ne vous inquiétez pas. Inspirez-vous de ces quelques thèmes :

- Le scepticisme.
- Le doute.
- Les problèmes de nos prospects.

Voici quelques exemples.

« Avez-vous parfois le sentiment que quelque chose ne va pas ? Me voilà donc, à 40 ans, 20 années de travail à mon actif. Le bilan financier de ces 20 ans de travail ? Des paiements hypothécaires, des paiements de voiture, et presque rien dans mon compte épargne. Et je me suis dit : ‹ Y a quelque chose qui cloche. Je dois changer mon plan. › Et c'est à ce moment je me suis intéressé à cette entreprise temps partiel. »

À quoi pensent nos prospects après avoir entendu notre micro-histoire ? Beaucoup se reconnaîtront dans cette histoire. Ils voudront en apprendre davantage sur ce que nous avons fait ensuite pour changer les choses.

Voici un autre exemple de micro-histoire.

« As-tu parfois le sentiment que quelque chose ne va pas ? Quand on était jeune, on pouvait manger d'énormes quantités de malbouffe et rester mince. Aujourd'hui, il nous suffit de regarder une frite pour prendre du poids. Je me suis donc dit que se mettre au régime et mourir de faim ne réglerait pas le problème, mais j'ai appris que changer mon métabolisme pourrait changer la donne. Je peux maintenant manger sans prendre tout ce poids supplémentaire. »

Et une autre histoire.

« Avez-vous parfois l'impression que quelque chose ne va pas ? On regarde nos factures d'électricité, et on sait qu'on paye trop cher d'une manière ou d'une autre; mais on ne comprend rien à leurs factures compliquées. J'ai fait le ménage dans tout ça pour aider monsieur madame tout le monde à recevoir une facture d'électricité plus abordable. Inutile de payer trop cher si on est pas obligé de le faire. »

Et une petite dernière.

« Avez-vous parfois l'impression que quelque chose ne va pas ? Certaines personnes prennent beaucoup de rides, d'autres ne semblent pas en prendre du tout. Qu'est-ce que ces personnes qui ne plissent pas savent que nous ne savons pas ? J'ai découvert leur secret en assistant à un séminaire. »

Qu'est-ce qu'on s'amuse ! Vous vous souvenez de cette citation bien connue d'Ellen Goodman ? Elle n'utilise pas les mots, « Avez-vous déjà eu le sentiment que quelque chose ne va pas ? » Mais on pourrait les mettre devant sa citation et ça semblerait tout à fait naturel.

« Ce qui est normal, c'est de s'habiller avec des vêtements que l'on achète pour le travail et de combattre le trafic dans une voiture que l'on paie encore - pour se rendre au travail. Il faut payer les vêtements et la voiture, et la maison qu'on laisse vacante toute la journée pour pouvoir se permettre d'y vivre. »

On ne fait que commencer avec ces phrases qui attirent l'attention. Vous en voulez plus ?

# « IL Y A UNE ATTRAPE. »

Prenons le contrôle de l'esprit de nos prospects. Il vous suffit de prononcer ces cinq mots : « Il y a une attrape. »

La survie est le programme #1 qui dirige nos vies. Nos cerveaux priorisent ce programme pour assurer notre survie. Si nous ne survivons pas, naturellement, plus rien n'a d'importance. Lorsqu'on dit à nos prospects qu'il y a un piège ou une attrape, ils mettent de côté toutes les autres pensée pour se concentrer sur ce que nous allons dire ensuite. Quelle belle occasion pour transmettre notre message.

Un autre avantage de cette formule, c'est qu'en dévoilant « l'attrape » dans notre présentation, on y gagne de la crédibilité. Tout le monde sait que rien n'est parfait. Lorsqu'on dit à nos prospects que notre offre n'est pas parfaite, ils ont tendance à nous croire davantage. Notre présentation leur semble alors juste et impartiale.

Le principal objectif dans le fait de dévoiler l'attrape est donc de transmettre notre message plus aisément dans la tête de nos prospects. Une fois de plus, notre objectif est de faire entendre notre message, puis de laisser nos prospects décider si notre message les servira ou non.

C'est le moment de donner quelques exemples.

« Oui, vous pouvez gagner beaucoup d'argent supplémentaire avec notre entreprise. Mais, il y a un hic. Vous finirez par payer plus d'impôts sur le revenu également. »

« Notre système de soins de la peau fera paraître votre peau de plus en plus jeune chaque mois. Mais il y a un piège. Si vous l'utilisez trop longtemps, vous paraîtrez bientôt trop jeune pour acheter de l'alcool dans votre bar préféré. »

« Éventuellement, vous pourrez opérer votre entreprise à plein temps de la maison. Ça semble merveilleux, mais il y a un piège. Votre patron et vos collègues de travail vont probablement vous manquer. »

« Notre super ensemble de nutrition fait remonter le temps. Il peut même fonctionner pour votre grand-mère. Mais il y a un hic. Grand-maman vous demandera bientôt de l'accompagner à ses cours de karaté et à ses spectacles de break-dance. »

« Vous pouvez gagner plus d'argent dans cette entreprise qu'à votre travail. Mais il y a un piège. Il faudra peut-être vivre plusieurs mois sans revenus pour jeter les bases de votre nouvelle entreprise. »

« Il y a un piège ou une attrape » est un moyen efficace pour attirer l'attention de nos prospects.

## « Mais il y a un problème... »

Semblable à « Il y a une attrape, » cette phrase attire l'attention de nos prospects. Les problèmes sont dix fois plus intéressants que les avantages pour nos prospects. Nos préjugés négatifs aiment se concentrer sur les problèmes. Il suffit donc de joindre notre offre à cette phrase.

« Mais il y a un problème. Pour augmenter nos revenus, on doit occuper deux ou même trois emplois. Et il n'y a que 24 heures dans une journée. La solution est de créer une entreprise à temps partiel. On peut développer cette entreprise tout en continuant à occuper notre emploi à temps plein. »

« Mais voilà le problème. Suivre un régime nous plonge dans un état de famine, et personne n'aime ça. Alors, changeons plutôt notre alimentation en laissant nos boissons santé combler notre appétit tout en nous débarrassant naturellement de cet excédent de poids. »

« Mais voici le problème. Obtenir les services d'un avocat pour protéger nos droits représente beaucoup d'argent. Grâce à notre service, on peut parler à un avocat 24 heures sur 24 en échange d'une faible cotisation mensuelle. »

« Notre système de soins de peau vous fera paraître plus jeune en seulement 30 jours. Mais voilà le problème : vos collègues de travail seront jaloux. »

« Mais voici le problème. C'est facile de se décourager dans le développement de notre entreprise à temps partiel. C'est pourquoi on recommande 15 minutes de développement personnel chaque jour. »

« Mais voilà le problème. Nous avons des compétences pour une certaine profession. Mais la profession dans laquelle on se lance, le marketing relationnel, requiert de nouvelles compétences. On doit prendre le temps de les acquérir. »

## « Si tu ne le fais pas... »

Le programme PDMLT (Peur De Manquer Le Train) ronge le cerveau de nos prospects. Ils ne veulent pas regretter le fait de ne pas avoir saisi une opportunité.

Mais il y a une peur qui s'y oppose : celle de faire un mauvais choix.

Laquelle de ces deux peurs est la plus forte chez nos prospects ?

Celle de faire un mauvais choix.

Pour aider nos prospects à surmonter cette peur de faire un mauvais choix, nous allons focaliser sur ce qu'ils risquent de manquer ou de perdre en n'emboîtant pas le pas. Voici comment.

Essayons de poser cette question au moment opportun :

« Si vous ne créez pas une entreprise à temps partiel, que se passera-t-il ? »

Cela donne à nos prospects une chance de penser aux conséquences négatives reliées au fait de ne pas démarrer leur entreprise à temps partiel. Ils imaginent peut-être leurs factures actuelles qui continuent à s'accumuler. Ou le fait de devoir choisir une école de qualité inférieure pour leurs enfants. De devoir continuer à faire la navette maison-travail-maison pour l'éternité.

Une fois qu'ils plongent ce sombre tableau, ils deviennent plus ouverts d'esprit face à notre opportunité.

Plutôt que de chercher les raisons pour lesquelles notre entreprise ne fonctionnera pas, ils commencent à chercher les raisons pour lesquelles notre entreprise fonctionnera.

C'est ce que Rory Williams a suggéré lorsqu'elle a parlé à des étudiants en fin d'études universitaires. Elle a dit : « Si vous ne créez pas une entreprise à temps partiel, comment allez-vous vous débarrasser de votre dette universitaire tout en continuant à bâtir votre carrière ? »

Que vont-ils penser ? « Ouah ! Vous avez raison. J'ai cette énorme dette universitaire, un gros nuage noir sur ma tête pour les 10 à 15 prochaines années. Je veux me débarrasser de cette dette pour pouvoir vivre ma vie de rêve. Alors dites-moi de quoi il s'agit. » L'engagement du prospect est instantané.

Voici d'autres exemples.

« Si vous continuez à essayer de payer toutes vos factures avec votre revenu actuel, à quoi ressemblera votre l'avenir ? »

« Si vous ne commencez pas ce régime aujourd'hui, où pensez-vous en être dans 30 jours ? »

« Si vous n'avez pas ce plan légal pour vous protéger, croyez-vous que les gens qui profitent de vous auront pitié de vous ? »

« Si vous ne profitez pas de notre programme de voyage à prix réduit, combien dépenserez-vous pour vos prochaines vacances ? »

« Si vous ne freinez pas les rides de l'intérieur, pensez-vous qu'elles vont se freiner elles-mêmes ? »

« Si vous ne démarrez pas une entreprise à temps partiel maintenant, comment trouverez-vous l'argent à investir pour votre retraite ? »

« Si vous ne commencez pas à créer votre propre entreprise maintenant, combien de temps encore pourrez-vous supporter votre patron vampire suceur de rêves ? »

« Si vous décidez de ne pas créer d'entreprise pour travailler de la maison maintenant, pensez-vous que vos deux heures de trajet quotidien pour le travail vont tout à coup devenir agréables ? »

## « Une mise en garde... »

Vous l'avez deviné. Cette phrase fonctionne de la même manière que la phrase précédente. Les gens détestent faire des erreurs, alors ils entendront chacun de nos mots. Voici quelques exemples.

« Une mise en garde. Notre système de perte de poids est si rapide que vous pourriez vouloir le faire sous la supervision de votre médecin de famille. »

« Une mise en garde. Lorsque les primes et les bonus arrivent, beaucoup de gens se précipitent pour acheter de nouveaux jouets. Nous vous recommandons plutôt de rembourser vos dettes au départ. »

« Une mise en garde. Le fait d'avoir un avocat personnel à votre disposition 24 heures sur 24 vous donne un sentiment de puissance et pourrait vous monter à la tête. »

« Une mise en garde. Ces nettoyants organiques sont concentrés. N'utilisez que 25 % de la quantité que vous utilisez normalement. »

« Une mise en garde. Perdre deux heures par jour dans la circulation représente du temps perdu à jamais. Vous devez songer à un autre plan. »

« Une mise en garde : on ne rajeunit pas. Mais pourquoi ne pas ralentir notre processus de vieillissement ? »

## « Il y a pire. »

Oh non ! Que se passe-t-il ensuite ? À quel point ce sera mauvais ?

Si on souhaite injecter drame et tension dans l'esprit de nos prospects, ces mots fonctionnent bien. On agrippe leur attention et nos prochains mots seront entendus.

Quelques exemples rapides.

« Il y a pire. Les prix augmentent de 10 à 20 % chaque année. Notre salaire lui n'augmente que de 1%. »

« Il y a pire. La plupart des vacances ordinaires sont souvent stressantes. On en revient souvent plus fatigués que lorsque nous sommes partis. »

« Mais il y a pire. Quand on se prive de nourriture pour perdre du poids, notre métabolisme ralentit. Ce qui rend la perte de poids encore plus difficile. »

« Il y a pire. Quand on atteint enfin l'âge de la retraite, on est souvent trop vieux pour en profiter. »

« Il y a pire. Ils ne construisent plus de nouvelles routes et il y a de plus en plus de voitures. Résultat: faire la navette pour le travail prendra de plus en plus de temps. »

« C'est de pire en pire. Les rides sont irréversibles. Une fois qu'on les a, on ne peut plus s'en débarrasser. »

Les mauvaises nouvelles sont un des moyens les plus faciles d'attirer l'attention de nos prospects... demandez aux médias !

## « Maintenant. »

Nos cerveaux sont assez primaires. Ils prennent des décisions basées sur des programmes développés au fil des générations depuis des milliers d'années.

Les gens aiment demeurer dans leur zone de confort. Ce qui explique pourquoi ils sont réticents au changement. Ils ignorent s'ils apprécieront cette nouvelle expérience qui s'offre à eux. Faire quelque chose de nouveau implique de sortir de cette zone de confort. On hésite à prendre le risque de vivre ces nouvelles expériences.

De plus, l'avenir est difficile à visualiser pour notre cerveau. Celui-ci comprend bien le « maintenant. » Ce qui fait que lorsqu'on parle de l'avenir, on provoque un certain stress dans le cerveau de nos prospects. Lorsqu'on parle du « maintenant, » c'est plus facile pour notre cerveau de comprendre et de visualiser.

Vous voulez des exemples qui montrent que le « maintenant » est simple et que l'avenir est plus complexe à ingérer pour le cerveau ?

- L'assurance vie. Les gens détestent acheter une assurance vie. On doit les convaincre.
- Manger santé. On mange des gâteaux et de la crème glacée maintenant sans trop se soucier de l'impact sur notre santé demain.
- De l'exercice ? Pas aujourd'hui. Ce sera toujours possible de débuter plus tard.
- Travailler maintenant et être rémunéré plus tard ? Plutôt difficile à concevoir pour la plupart des gens.

Une façon de soulager ce stress est de centrer notre présentation sur le « maintenant. »

Si on peut amener nos prospects à réfléchir à une mesure immédiate, ils ne réfléchiront pas trop à ce qu'ils devront faire à l'avenir. Notre stratégie consiste à présenter une première étape simple pour nos prospects.

Alors voici la question qu'on doit se poser : « Quels types de premières étapes puis-je proposer à nos prospects qui leur sembleraient simples et faciles à exécuter ?

Voici quelques exemples de premières étapes « immédiates » pour nos prospects.

« Mélangeons ensembles cette boisson protéinée. Goûtez-la. Il vous suffit de répéter cette routine tous les matins pendant deux semaines. On en reparlera ensuite. »

« Mettez cette crème sur votre visage maintenant. Puis, ressentez la différence demain matin au réveil. »

« On va vous inscrire à la formation maintenant. On pourra régler le reste de la paperasse plus tard. »

« Consultez cette brochure de vacances maintenant. Choisissez les vacances que vous voulez prendre avec votre famille. »

Notre cerveau aime prendre des décisions rapides « dans l'immédiat. » On déteste devoir passer par des heures d'informations, de vidéos, tableaux de présentation, témoignages, rapports de recherche, listes d'ingrédients, etc.

Pour éviter tout ça, notre cerveau prend des décisions rapides de type « oui » et « non » en ignorant l'information.

Ainsi, en fournissant moins de petits détails, en simplifiant les choses et en maintenant notre conversation dans le « maintenant, » il devient plus facile pour nos prospects de s'intéresser à, et de répondre favorablement à notre offre.

Le « maintenant » est toujours plus concret que le futur.

# « Gratuit ! »

Le mot « gratuit » semble court-circuiter nos cerveaux. On adore de mot.

Vendeur : « Profitez de notre essai gratuit de cinq jours. Ensuite, vous pourrez décider. »

Nos esprits : « Soyons prudents. Il doit y avoir une attrape. Mais, le vendeur a dit que c'était gratuit. Qu'est-ce qui pourrait mal tourner ? J'aime la gratuité. Mais ne devrais-je pas être sceptique ? Mais gratuit signifie qu'il n'y a pas de risque. Peut-être devrais-je répondre que je dois y réfléchir par prudence. Mais c'est gratuit, alors pourquoi ne pas en profiter tout de suite ? La gratuité, c'est bien. Gratuit ! Gratuit ! Gratuit ! »

Oui, il y a quelque chose dans le mot « gratuit » qui nous pousse à agir immédiatement. Lorsqu'on utilise ce mot avec nos prospects, leur désir d'en profiter l'emporte bien souvent sur leur résistance. Voici quelques exemples d'utilisation du mot « gratuit » dans nos conversations.

« Utilisez cet échantillon gratuit pour en ressentir les bienfaits. »

« Notre essai gratuit de cinq jours signifie que vous avez du temps pour de prendre votre décision finale. »

« Joignez-vous à nous pour un appel de formation gratuit mardi soir. Vous allez adorer les conseils. »

« Nos clients réguliers reçoivent des produits gratuits chaque mois. »

« Visite gratuite de notre entreprise le mardi soir à 19h. »

« Formation spéciale gratuite lorsque vous rejoignez notre entreprise ce soir. »

« Voyages gratuits payés par l'entreprise ! »

## « Vous » et « Nous. »

Les humains sont égoïstes. On pense beaucoup à soi-même. De notre point de vue, l'univers gravite autour de nous. Lorsqu'on jette un coup d'œil à une photo de groupe, qui cherchons-nous en premier ? Nous, bien sûr.

Quand on parle à nos prospects, il faut garder à l'esprit cette tendance égoïste. Nos prospects ne se soucient pas de nous, et encore moins de ce que nous avons à offrir.

Lorsqu'on parle aux autres, voici deux stratégies qui fonctionnent.

**Stratégie #1 :** Utilisons souvent le mot « vous. » Cette stratégie nous aide à nous concentrer sur nos prospects, et non sur nos propres affaires. On veut parler des affaires de nos prospects, des problèmes de nos prospects, etc. C'est tout ce qui intéresse nos prospects. Une bonne astuce est d'enregistrer une de nos conversations. Si on y entend trop souvent le mot « je, » c'est qu'on doit changer notre façon de parler à nos prospects.

Des exemples ?

Remplaçons : « J'ai ce super produit. »

Par : « Vous pouvez avoir ce super produit. »

Remplaçons : « Je peux résoudre ce problème. »

Par : « Vous pouvez résoudre ce problème. »

Remplaçons : « Je représente... »

Par : « Ceci est pour vous... »

Remplaçons : « Notre produit est génial. »

Par : « Vous allez adorer ça. »

Lorsque nous parlons aux autres, la conversation doit porter sur eux.

**Stratégie #2 :** Utilisons le pronom « Nous » pour que nos prospects se sentent plus à l'aise. Ils pourraient même commencer à ressentir qu'ils font partie de l'équipe. Lorsque nos prospects doivent prendre des décisions en solo, la peur du changement les ralentit. Lorsque nous leur proposons de leur tenir la main tout au long du processus, il est plus facile pour eux d'aller de l'avant. Et en prime, cela nous permet d'établir des relations plus solides.

Voici quelques exemples.

Remplaçons : « Vous pouvez commencer ce soir. »

Par : « Nous pouvons commencer ce soir. »

Remplaçons : « Tu détestes les longs trajets pour aller au travail. »

Par : « On déteste tous les longs trajets pour se rendre au travail. »

Remplaçons : « C'est difficile de faire un régime. »

Par : « On trouve difficile de suivre un régime dans nos vies surchargées. »

Remplaçons : « Ce produit aide à réduire les rides. »

Par : « Nous pouvons utiliser ce produit pour réduire nos rides. »

## « Il s'est faufilé autour de moi comme un ninja enduit de Vaseline à minuit. »

Il y a vingt ans, je déambulais sur un bateau de croisière près de l'Antarctique. Je m'ennuyais. Je me suis donc connecté à Internet pour tuer le temps en défiant mon ami Art Jonak dans une compétition amicale visant à pondre le titre le plus accrocheur. Il m'a fallu un certain temps, ce dont je disposais, pour concevoir le titre parfait pour l'engagement.

Sur notre forum, j'ai publié : « Il s'est faufilé autour de moi comme un ninja enduit de Vaseline à minuit. » Le titre a fait un tabac. Toutes les autres publications du forum ont été lessivées... sauf le titre d'Art. Il a simplement publié, « Voici la preuve ! »

Je ne sais trop pourquoi, mais lorsqu'on annonce qu'on a une preuve, les gens s'engagent. Peut-être que les gens pensent : « Je n'étais pas certain auparavant, mais bon, voici une preuve. Ce doit être intéressant ! Voyons si je suis d'accord. »

Pour capter l'attention de nos prospects, il suffit de dire : « Voici la preuve ! » Nos prospects voudront absolument lire ou entendre notre preuve.

« Voici la preuve ! » performe également très bien sur les médias sociaux.

En voici quelques exemples.

« Vous ne vous sentirez pas affamés en suivant ce régime. Voici la preuve ! »

« Avis à tous les sceptiques, voici la preuve ! »

« Votre peau paraîtra plus jeune en quatre jours; en voici la preuve ! »

« Vous ne pourrez jamais prendre votre retraite. Voici la preuve ! »

« Oui, nous pouvons prolonger notre vie. En voici la preuve ! »

« Voici la preuve ! Nous n'avons pas besoin d'un diplôme universitaire pour être riches. »

Cette formule de mots simple nous permet de capter facilement l'attention de nos prospects.

Passons maintenant à d'autres phrases magiques que nous pourrions utiliser.

# PARTAGER UNE CONVERSATION PLUTÔT QUE FAIRE UNE PRÉSENTATION.

En partageant une conversation, on permet à nos prospects de s'exprimer. Et pour rendre nos conversations intéressantes, nos prospects doivent occuper la plus grande partie de celle-ci. Comment y parvenir ? En posant des questions.

Nos présentations remplies de faits sont ennuyeuses. Nos prospects sont bombardés par des centaines de publicités chaque semaine. Pour eux, elles se confondent toutes. Tout le monde prétend être la première, la meilleure, la plus grande et la plus merveilleuse chose qui soit jamais arrivée dans toute l'histoire de l'humanité. Les prospects sont immunisés contre le harcèlement publicitaire.

De toute façon, ce ne sont pas les présentations qui permettent aux prospects de prendre des décisions, alors inutile de se tourmenter avec celles-ci. Utilisons plutôt la conversation que nous partageons avec nos prospects pour les diriger vers une prise de décision. C'est là que les professionnels investissent leur temps.

Voici quelques questions que nous pouvons poser pour aider nos prospects à prendre des décisions. Ces questions portent à réfléchir. Si nous pouvons les amener à réfléchir, nous maintenons leur attention.

**Question #1 :** « Qu'aimeriez-vous vraiment ? »

Cette question incite nos prospects à nous partager leurs objectifs. Peut-être veulent-ils une peau plus douce. Plus d'énergie. Un deuxième revenu pour pouvoir envoyer leurs enfants dans une école privée. L'occasion de changer de carrière. Des vacances plus emballantes.

Permettons à nos prospects de décrire exactement ce qu'ils veulent. Ça les aidera à s'imaginer en train d'apprécier ces choses. Et si on n'arrive pas à les faire parler très longtemps, on peut les relancer en disant par exemple : « Dites-m'en plus » ou encore, « Donnez-moi plus de détails. »

Bonus non négligeable: lorsqu'ils nous disent ce qu'ils aiment vraiment, nous savons exactement ce qu'il faut leur offrir.

**Question #2 :** « Qu'est-ce que cela va vous apporter ? »

Nos prospects éprouvent les sentiments qu'ils vivront lorsque leurs objectifs seront atteints. Plus ils se sentiront bien à ce moment-là, plus ils seront motivés à acheter ou à joindre votre équipe. On peut voir un sourire sur leur visage lorsqu'ils imaginent cette future bonne expérience.

**Question #3 :** « Que seriez-vous prêt à faire pour que ça se concrétise ? »

Les réponses de nos prospects indiquent leur niveau d'engagement. On découvre quels sacrifices ils sont prêts à faire pour concrétiser leur désir. Ce sera peut-être un engagement en temps, ou encore monétaire; ce qui compte, c'est qu'ils sont prêts à agir.

**Question #4 :** « Me permettriez-vous de vous aider à atteindre cet objectif ? »

Wow. Une question puissante et sécuritaire qui fait en sorte que nos prospects se sentent bien. Lorsqu'on leur propose notre aide, ils sont plus confiants quant à leurs chances d'atteindre leur objectif. Ils apprécient le fait qu'on se porte volontaires pour les aider, car ils ne savent habituellement pas quoi faire pour la suite des choses.

**Question #5 :** « Quelles sont les étapes que vous avez déjà planifiées ? »

« Quelles étapes ? » Si nos prospects sont comme la plupart des gens, ils n'ont pas de plan. La plupart des gens souhaitent, espèrent et rêvent, mais ne créent jamais de plan pour atteindre leurs objectifs. Maintenant, nos prospects se disent : « Je n'ai pas de plan. J'espère que vous avez un plan. Cela m'aiderait beaucoup. »

Nous passons alors au niveau de héros parce que, non seulement nous avons un plan, mais nous allons les aider à le réaliser.

Voici un petit exemple d'utilisation de ces cinq questions dans une conversation.

**Question #1 :** « Qu'est-ce qui vous plairait vraiment ?

Prospects : « Nous voulons travailler de la maison. »

**Question #2 :** « Qu'est-ce que cela vous apportera ? »

Prospects : « Quand on rentre du travail, il est déjà 18h15. On doit ensuite aller chercher les enfants à la garderie. Puis il faut les nourrir et les mettre au lit. Il ne reste plus de temps pour la vie de famille. »

**Question #3 :** « Que seriez-vous prêt à faire pour que cela se réalise ? »

Prospects : « On ne sait pas. Nous n'y avons jamais songé. Mais on sait qu'il faudra faire quelque chose de différent. On veut un changement. On ne sait pas par quoi commencer. »

**Question #4 :** « Me permettriez-vous de vous aider à atteindre cet objectif ? »

Prospects : « Oui ! S'il vous plaît, aidez-nous. On a besoin de toute l'aide possible. »

**Question #5 :** « Quelles sont les étapes que vous avez déjà planifiées ? »

Prospects : « Eh bien, nous avons tenté de réduire notre budget pour qu'un seul de nous deux doive travailler. Mais les factures se sont accumulées, et maintenant nous sommes coincés avec une énorme dette de carte de crédit. On ne peut plus se permettre ça. »

Comme on peut le constater, ça facilite grandement les choses, pour nous et pour les prospects. Ils sont maintenant ouverts d'esprit, prêts à adopter notre solution.

## Peut-on aller plus loin ?

Oui, au lieu de parler de ce qu'ils veulent, nous pourrions leur poser des questions sur leurs problèmes. Les gens sont dix fois plus intéressés par leurs problèmes que par les avantages que nous offrons. Et puisque la raison d'être de toute entreprise est de résoudre les problèmes des gens...

Adoptons donc l'approche par problème pour démarrer la conversation. Quels types de questions pourrions-nous poser ? Essayons celles-ci.

**Question #1 :** « Quel est le véritable problème, selon vous ? »

Maintenant, nos prospects doivent réfléchir aux causes de leur problème. Se sentent-ils engagés dans la conversation ? Absolument.

**Question #2 :** « Cela a-t-il déjà causé des complications ? »

Nos prospects commencent à réfléchir à l'inconfort de leur situation actuelle. Peut-être la bataille des factures à la fin du mois quand le chèque de paie ne suffit plus. Ou encore, aux innombrables régimes qui n'ont pas fonctionné et la frustration accumulée.

Plus le problème est douloureux, plus la motivation à le résoudre est grande.

**Question #3 :** « Avez-vous déjà essayé de résoudre ce problème ? Quelles solutions avez-vous tentées ? »

Il est bon de connaître l'historique du problème, et de savoir quelles solutions n'ont pas fonctionnées. Nos prospects peuvent avoir un parti pris contre l'une de nos solutions. Le meilleur moment pour le découvrir est maintenant. Lorsqu'on prend connaissance des essais et des solutions qui n'ont pas fonctionnées, on doit prendre des notes. Elles nous aideront à éviter ou prévenir les objections lorsque nous présenterons nos solutions.

**Question #4 :** « Combien de temps et d'efforts êtes-vous prêt à investir pour résoudre ce problème ? »

Nous n'avons pas mentionné l'argent, mais c'est implicite. La plupart des prospects sérieux savent qu'il faut du temps, de l'argent, des efforts, la coopération des autres, et plus encore pour régler leurs problèmes. Cette conversation devient très intéressante pour nos prospects.

Nous les aidons à focaliser sur leur problème. Pourquoi est-ce important ? Parce tout le monde déteste souffrir. Lorsqu'on pense à un problème, notre esprit préfère se tourner vers autre chose. On veut maintenir l'attention de nos prospects sur leur problème.

**Question #5 :** « Est-ce votre plus gros problème, ou y en a-t-il d'autres ? »

Surprise, surprise. Parfois, nos prospects se retiennent et ne nous dévoilent pas le vrai problème. On doit gagner leur confiance en leur posant des questions comme cette dernière avant qu'ils ne partagent avec nous le véritable problème.

Une fois qu'ils ont dévoilé le véritable problème, il se crée une connexion plus forte et on bénéficie alors de toute leur attention et d'une bonne dose de confiance.

Voici maintenant un exemple de conversation qui focalise sur leur problème.

**Question #1 :** « Quel est le véritable problème, selon vous ? »

Prospects : « Nous n'avons pas assez d'argent. Nos salaires sont trop bas. »

**Question #2 :** « Cela a-t-il déjà causé des complications ? »

Prospects: « Bien sûr. Nos paiements minimums par carte de crédit sont maintenant de plus de 500 $ par mois. Cette situation complique grandement le paiement de notre hypothèque et notre voiture. »

**Question #3 :** « Avez-vous déjà essayé de résoudre ce problème ? Quelles solutions avez-vous tentées ? »

Prospects: « Nous avons tous deux tenté de trouver un deuxième emploi à temps partiel. Mais nous rentrons trop tard à la maison et aucun employeur ne semble avoir besoin d'aide à temps partiel aussi tard dans la soirée. »

**Question #4 :** « Combien de temps et d'efforts êtes-vous prêt à investir pour résoudre ce problème ? »

Prospects: « Nous pouvons travailler quelques heures le soir, mais il faut que ce soit après 19 heures. »

**Question #5 :** « Est-ce votre plus gros problème, ou y en a-t-il d'autres ? »

Prospects: « On déteste tous les deux notre travail. Aucune possibilité d'augmentation ou de promotion. Il nous faudrait changer pour des carrières qui permettent d'être rémunérés à notre vraie valeur. »

Qu'est-ce que vous pensez de cette conversation ? La transition vers notre entreprise sera-t-elle facile selon vous ? Oui.

Vous voulez prendre un raccourci ? Besoin d'un moyen plus rapide pour y parvenir ? En voici un excellent.

## « Pensez-vous que votre plan actuel est la réponse ? »

Voilà une excellente question à poser à nos prospects. Pourquoi ?

#1. Ils doivent s'arrêter et réfléchir. Nous avons capté leur attention.

#2. Cette question crée un doute dans leur esprit et les amène à se demander s'ils ont le bon plan. Une fois ce doute créé, les prospects chercheront des alternatives et prêteront attention à notre solution.

En tant qu'humains, la plupart de nos plans ne fonctionnent pas. Pourquoi ? Parce qu'on croit disposer d'une volonté et d'une motivation illimitée, tout en étant persuadés d'agir à priori de manière logique. Oh là là ! Avec de telles prémisses, facile de comprendre pourquoi nos plans actuels échouent la plupart du temps. Voici un exemple.

### Le régime alimentaire actuel de John.

- Se réveiller une heure plus tôt chaque matin.
- Faire de l'exercice physique pendant 45 minutes.
- Manger deux cuillères à soupe de gazon cueillis sur la pelouse avant.
- Refuser les beignets et les collations gratuites au travail.
- Boire dix verres de jus de citron et d'eau avant le déjeuner.
- Marcher 45 minutes pendant le dîner pour réduire les douleurs de la famine.

- Regarder des photos de céleri en guise de collation d'après-midi.
- Avaler deux morceaux de protéines cuites et sans goût pour souper.
- Regarder la famille savourer le dessert.
- Remplacer le feuilleton télévisé par des vidéos d'exercices.
- Utilisez des bouchons d'oreilles pour atténuer les bruits de grognement de l'estomac la nuit.

Oh que non. Ça ne marchera jamais !

Lorsqu'on demande donc à John : « Penses-tu que ton plan actuel est la réponse ? » Que se passe-t-il ?

John regarde son plan actuel qui est sur le point d'abandonner après seulement deux jours et dit : « Je t'écoute. Que suggères-tu ? »

Les humains ont-ils beaucoup de plans ? Oui. En voici quelques-uns.

- Des plans d'exercices.
- Des plans de vacances.
- Plans d'épargne-retraite.
- Projets pour la maison.
- De meilleurs plans de santé.
- Et oui, des plans de perte de poids.

Il y a d'autres types de plans, mais on saisit l'idée. La plupart de nos plans vont échouer, et on le sait. Lorsque quelqu'un nous demande si notre plan actuel est la réponse, nous sommes habituellement prêts à en parler.

# TOUT LE MONDE DEVRAIT CONNAÎTRE ET UTILISER CES FORMULES MAGIQUES.

Les formules qui suivent nous aident à garder notre auditoire impliqué dans la conversation.

Débutons avec une des phrases les plus versatiles que nous puissions utiliser dans une foule de situations.

### « La plupart des gens. »

Pourquoi cette formule fonctionne-t-elle si bien ? Parce que les gens se sentent en sécurité lorsqu'ils font partie de la majorité. Si nous sommes seuls, le risque est plus grand. Il n'y a personne d'autre pour nous aider.

Les grands groupes se moquent des solitaires et les critiquent. Nous avons un programme inné qui suggère de nous intégrer au groupe. Ce programme est bien ancré.

D'où vient ce programme ? Il y a des milliers d'années, nous nous sommes regroupés pour survivre dans un environnement très hostile. Notre chaire était convoitée par bon nombre de grands mammifères. Si nous étions expulsés du groupe, rejetés par la majorité, nous avions de fortes chances de se transformer en repas pour les tigres. C'est la raison pour laquelle nous avons une tendance naturelle à vouloir faire partie du groupe.

Est-ce qu'on déteste la critique ? Bien sûr. Si on agit en solitaire et que l'on prend une mauvaise décision, le groupe aime se moquer de nous. C'est pourquoi il est si difficile pour les gens de prendre la décision de faire quelque chose de différent. D'abord, parce qu'on risque la critique. Deuxièmement, parce que nous ne sommes pas certains des résultats. Tout cela crée une énorme peur du changement.

Les mots « la plupart des gens » viennent à la rescousse. Lorsque nos prospects entendent ces mots, ils se sentent plus en confiance pour faire le changement que nous proposons. Ils ont le sentiment de faire partie d'un groupe plus large et leur sentiment d'insécurité se dissipe.

Si les membres de votre équipe sont sceptiques face à l'utilisation de formules de mots magiques, invitez-les à faire cette expérience. Durant la prochaine semaine, ils doivent essayer d'utiliser les mots « la plupart des gens » chaque fois qu'ils en ont l'occasion. Ils déclencheront beaucoup de sourires et ils échangeront avec des prospects plus détendus.

La formule de mots « la plupart des gens » est décortiquée en détail dans d'autres livres de Big Al. Voici quelques exemples d'utilisation de cette formule que nous pouvons appliquer dans nos présentations.

« La plupart des gens préfèrent cette partie. »

« La plupart des gens veulent un chèque de paie supplémentaire. »

« La plupart des gens veulent que leur visage soit à leur meilleur pour la première impression. »

« La plupart des gens pensent que vieillir est vraiment douloureux. »

« La plupart des gens désirent de meilleures vacances. »

« La plupart des gens veulent passer plus de temps avec leurs enfants. »

« La plupart des gens détestent les régimes. »

« La plupart des gens savent que les régimes ne fonctionnent pas. Ils souhaitent une meilleure solution. »

« La plupart des gens ne peuvent pas économiser suffisamment pour la retraite. »

« La plupart des gens veulent réduire leurs factures de services. »

« La plupart des gens veulent régler ce problème tout de suite. »

« La plupart des gens ne veulent pas vivre avec les remords d'avoir manqué une opportunité. »

Les mots « la plupart des gens » semblent naturels. Ils n'effraient pas les gens, et on se sent confortable en les utilisant.

## « Tout le monde sait » et « Tout le monde dit. »

Les mots « tout le monde sait » et « tout le monde dit » ont un impact similaire à la formule précédente. Les prospects hochent naturellement la tête lorsqu'on les prononce. Ces mots magiques nous font gagner du temps. Pourquoi ? Parce que nous n'avons pas besoin d'investir du temps à fournir des preuves. Les mots qu'on prononce suite à la formule sont généralement considérés comme vrais. Aucune preuve supplémentaire n'est nécessaire. On gagne du temps. Nos prospects gagnent du temps. Tout le monde y gagne.

Il ne faut pas beaucoup d'imagination pour pondre quelques exemples. En voici quelques-uns pour nous aider à démarrer.

« Tout le monde sait que les toxines sont mauvaises pour notre santé. »

« Tout le monde dit qu'il est difficile de vivre avec un seul salaire maintenant. »

« Tout le monde sait combien c'est difficile d'intégrer l'exercice physique dans notre agenda quotidien. »

« Tout le monde dit souhaiter prendre une retraite anticipée. »

« Tout le monde sait que rien ne changera si on ne change pas. »

« Tout le monde dit que les formules de mots magiques sont faciles à apprendre. »

« Tout le monde sait » et « tout le monde dit » sont des formules magiques faciles et naturelles que tous peuvent utiliser tout de suite.

## « Il y a un vieux dicton... »

Personne ne remet en question les « vieux dictons. » On se dit : « Les vieux dictons existent depuis toujours. Je suppose qu'ils doivent être vrais. »

Alors qu'est-ce qui pourrait nous empêcher d'inventer nos propres « vieux dictons » chaque fois que nous en ressentons le besoin ? Rien.

Imaginons que nous sommes en présence d'un prospect qui semble résister à notre message. Nous pourrions alors le faire entrer dans sa tête en l'intégrant à un vieux dicton. Voici un exemple.

On dit : « Cette formule de super-nutrition fera rajeunir votre visage en quelques jours seulement. » C'est un excellent message, mais il est court-circuité par le cerveau de nos prospects.

On pourrait donc reformuler le message en disant : « Il existe un vieux dicton qui dit que la meilleure façon de prévenir les rides, c'est de les prévenir de l'intérieur. » Maintenant, notre formule de super-nutrition représente probablement une super solution dans leurs esprits.

Un autre exemple ?

On dit : « Notre entreprise vous procurera une deuxième source de revenus. Vous n'aurez plus à vous inquiéter du fait que tous vos revenus dépendent de l'humeur de votre patron. » Bien que cette phrase offre un certain impact, nos prospects peuvent demeurer sceptiques. Reformulons celle-ci à l'aide d'un dicton.

« Il existe un vieux dicton qui stipule que nous pouvons mieux dormir la nuit quand nous avons deux chèques de paie au lieu d'un. »

Bien entendu, ce doit être vrai, car c'est un vieux dicton. On transmet donc subtilement le message et la croyance qu'il est plus sûr d'avoir une deuxième source de revenus que d'espérer que notre seul revenu ne disparaisse pas du jour au lendemain.

Prenons un autre exemple.

On dit : « Nous ne vendons pas de produits de perte de poids. On vend plutôt un changement de mode de vie. » Pas très inspirant. Les pensées de nos prospects dérivent vers autre chose.

Disons-leur plutôt : « Un vieux dicton dit que si vous suivez un régime, vous finirez par devoir vous en passer. Avec notre système sans régime, vous ne reprendrez jamais votre poids excédentaire. »

Les vieux dictons sont en quelque sorte un résumé. Les prospects aiment bien le fait que le message soit court.

## « Est-ce que ça vous irait si... ? »

C'est une de nos phrases préférées. Pourquoi ? Non seulement elle attire l'attention de nos prospects en leur demandant poliment la permission, mais elle leur ordonne aussi de penser « Oui ! Oui ! Oui ! Je veux vous aider de toutes les façons possibles. »

Naturellement, nous pourrions aussi dire : « Le feriez-vous ? Pourriez-vous ? Pouvez-vous ? » Mais ces mots n'ont pas le même pouvoir. Ces sept mots puissants devraient désormais faire partie de notre quotidien. Chaque fois qu'on se surprend à demander une faveur, une permission ou une décision sans prononcer ces mots, on devrait se taper sur les doigts ! Il faudra peut-être un certain temps pour faire de ces mots un automatisme, mais ces mots nous seront utiles pour le reste de notre vie.

Ils sont aussi parfaits pour démarrer une conversation. Pourquoi ? Parce qu'ils sont exempts de rejet. Ils sont polis. Voici quelques exemples.

« Est-ce que ça vous irait si on regardait cela maintenant ? »

« Est-ce que ça vous irait si on en discutait plus longuement durant la pause-café ? »

« Est-ce que ça vous irait si on prenait un café avec Mary ? Elle pourrait partager avec nous ce qu'elle fait pour remplacer son travail. »

« Vous serait-il possible d'essayer ce régime durant sept jours ? Vous verrez comme il est facile de perdre du poids sans se sentir affamé. »

« Est-ce que ça vous irait de considérer une autre option ? »

« Est-ce que ça vous irait de jeter un œil à ce que je fais ? »

Ces sept mots constituent également une excellente façon de conclure. Voici la preuve.

« Est-ce que ça vous irait de débuter maintenant ? »

« Est-ce que ça t'irait d'appeler ton meilleur ami pour débuter tout de suite ? »

« Est-ce que ça vous irait d'essayer ces produits d'abord ? »

« Serait-il possible de débuter maintenant pour freiner ces rides ? »

« Est-ce que ça vous irait si on prenait cinq minutes pour se connecter maintenant afin de réduire votre facture d'électricité ? »

« Est-ce que ça vous conviendrait de boire ça tous les après-midi pour avoir plus d'énergie ? »

« Est-ce que ça vous irait si on planifiait vos prochaines vacances en famille dès maintenant ? »

« Est-ce que ça irait si vous n'aviez plus jamais à vous inquiéter d'être victime d'une arnaque ? »

Vous avez peut-être le sentiment que ces mots vous sont familiers. C'est normal ! Plusieurs personnes utilisent ces mots pour nous inciter à dire « oui » quotidiennement.

Pensez aux enfants. Ils sont petits et faibles, mais ils arrivent à obtenir presque tout ce qu'ils veulent. Comment font-ils ? En utilisant des mots magiques, bien sûr. Est-ce que les demandes qui suivent vous semblent familières ?

« Est-ce que ça irait si je faisais mes devoirs dimanche soir à la place ? »

« Est-ce que ça irait si je restais coucher chez Heather ce soir ? »

« Serait-ce possible d'emprunter la voiture familiale et ne jamais la ramener ? » (Oui, ma fille m'a déjà fait le coup.)

Alors, est-ce que ça irait si nous ajoutions « Est-ce que ça vous irait si... » à notre coffre à outils de formules magiques ? Ces mots fonctionnent. Tout ce qu'il nous reste à faire, c'est d'utiliser ces mots.

Prenons les quelques phrases magiques précédentes et suivantes et intégrons-les dans les situations qui meublent notre quotidien.

# « QUE FAITES-VOUS POUR GAGNER VOTRE VIE ? »

Imaginons que quelqu'un nous pose la question : « Que faites-vous pour gagner votre vie ? » C'est l'occasion idéale pour transmettre notre message, à condition bien sûr d'utiliser la bonne approche. Nos prospects attendent une réponse courte, une phrase tout au plus. Ceci dit, en faisant usage de quelques mots magiques, nous pouvons prolonger la durée de cette attention que nous accordent nos prospects.

Examinons d'abord une réponse typique.

Prospects : « Que faites-vous pour gagner votre vie ? »

Nous : « Je vends des produits pour la société XYZ. »

D'accord, c'est précis. Mais est-ce excitant ? Non. Nos chances de capter l'attention de notre prospect sont assez minces.

Voyons ce que cela pourrait donner si on utilisait un brise-glace éprouvé.

Prospects : « Que faites-vous pour gagner votre vie ? »

Nous : « Je montre aux gens comment créer une entreprise à temps partiel pour gagner plus d'argent. »

Voilà qui est mieux. Nous avons transmis notre message dans l'esprit de nos prospects en résumant les avantages. Mais pouvons-nous faire mieux ? Oui ! En utilisant la formule de réponse problème/solution.

Prospects : « Que faites-vous pour gagner votre vie ? »

Nous : « Eh bien, vous savez comment tout coûte affreusement cher de nous jours ? Je montre aux gens comment recevoir un second chèque de paie pour qu'ils n'aient plus à se soucier de l'argent. »

Précédée par un problème, notre solution semblera plus attrayante pour nos prospects. Mais nous n'avons droit qu'à une ou deux phrases. Et si nous souhaitions prendre le contrôle de l'esprit de nos prospects pendant plus longtemps... comment capter et maintenir l'attention de nos prospects pendant plusieurs phrases ?

## La réponse se trouve dans une histoire.

Tout le monde a le temps d'écouter une histoire. Les humains adorent les histoires. Les jeunes enfants, dès qu'ils savent parler, disent : « Maman ! Papa ! S'il te plaît, raconte-moi une histoire. »

Les histoires hypnotisent les humains, et, par conséquent, nous sommes disposés à écouter plus longtemps.

Alors comment pourrions-nous aviser les prospects que nous allons leur raconter une histoire ? Nous pourrions utiliser les mots « Il était une fois, » mais nous réservons généralement cette introduction aux histoires pour enfants. Nous avons besoin d'une phrase différente pour mettre l'esprit de nos prospects en mode histoire. La voici.

## « Supposons que... »

Ces deux mots donneront un coup de fouet à l'imagination de nos prospects. Ils se feront un film avec les mots qui vont suivre.

On aime communiquer avec des histoires. C'est une façon naturelle pour les humains de penser, de comprendre et d'apprendre. C'est facile d'écouter des histoires. On a écouté des histoires toute notre vie.

Les histoires peuvent être courtes ou longues. Mais nous n'aurons la chance de figer le cerveau de nos prospects que pendant quelques secondes alors on doit favoriser les histoires courtes. La bonne nouvelle, c'est que les histoires courtes peuvent tout de même être constituées de plusieurs phrases. Elles donneront plus de profondeur et de dynamisme à notre message.

Voici quelques exemples :

Prospects : « Que faites-vous pour gagner votre vie ? »

Nous : « Supposons que vous reveniez de dîner et que vous ayez envie de faire une sieste. Vous vous dites : ‹ Ce n'est pas drôle. Je déteste combattre cette somnolence constamment, chaque après-midi. Je me demande si je peux faire quelque chose pour disposer d'une énergie constante et saine plutôt que de devoir me noyer dans la caféine. › Eh bien, j'ai une solution pour ça. »

Bam ! Notre message complet, livré dans une histoire. Ce qui est encore plus intéressant, c'est que nos prospects se souviendront de notre histoire. Chaque fois qu'ils se sentiront fatigués, ils se rappelleront de notre histoire. C'est comme si on avait inséré une puce qui effectue un suivi automatique dans leurs cerveaux. L'esprit humain veut croire aux histoires, et il est programmé pour s'en souvenir.

Aucun rejet. Une simple réponse à la question : « Que faites-vous pour gagner votre vie ? »

Qu'est-ce qui a rendu tout cela possible ? Les mots magiques : « Supposons que... » Cette formule met en marche le projecteur de cinéma dans l'esprit de nos prospects.

Voici quelques histoires débutant par : « Supposons que... » ; histoire de stimuler notre imagination.

Prospects : « Que faites-vous pour gagner votre vie ? »

Nous : « Supposons que vous vous regardiez dans le miroir un matin et que vous vous disiez : ‹ J'aimerais que ma peau ait l'air plus jeune. Je n'aime pas ces petites rides. J'aimais l'éclat de ma peau durant mon adolescence. Je me demande s'il existe une solution sans chirurgie ou Botox. › Eh bien, je montre aux dames comment redonner un air de jeunesse à leur peau en changeant simplement leurs produits de soin. »

Prospects : « Que faites-vous pour gagner votre vie ? »

Nous : « Supposons que vous vous réveilliez un matin et que vous pensiez : ‹ J'aime ma maison et ma famille.

Je déteste partir au travail le matin et combattre la circulation. Je perds deux heures par jour à vivre tout ce stress dans les bouchons. À quoi ressemblerait ma vie si je pouvais travailler de chez moi ? Plus de trajets stressants, et je pourrais rester avec ma petite famille. › Eh bien, j'aide les gens à réaliser ce rêve. »

Prospects : « Que faites-vous pour gagner votre vie ? »

Nous : « Supposons qu'on désire vivre longtemps plutôt que de mourir rapidement. Que faire pour mettre toutes les chances de notre côté ? Bien sûr, on ferait de l'exercice tous les jours et on mangerait bien. Mais plutôt que d'opter pour un mélange de vitamines et des minéraux classique, quels nutriments devrait-on prendre pour prolonger notre vie ? On ne le sait pas. Et c'est le cas pour la plupart des gens. Mon travail est de montrer aux gens exactement quels compléments alimentaires ils peuvent prendre pour vivre mieux et plus longtemps. »

Prospects : « Que faites-vous pour gagner votre vie ? »

Nous : « Supposons que vous receviez une facture d'électricité chaque mois. Vous vous dites : ‹ L'été débute le mois prochain et mes frais de climatisation vont grimper en flèche. Chaque été, ma facture d'électricité triple. Que puis-je faire ? › Eh bien, j'aide les gens à réduire leur facture d'électricité pour qu'ils puissent profiter de leur été au lieu de transpirer. »

Si on se lasse de dire « Supposons que, » on peut toujours utiliser « Imaginez que. » Le mot « imaginer » active aussi le projecteur de cinéma dans l'esprit de nos prospects. Et oui, il indique aussi à nos prospects qu'une histoire se profile à l'horizon.

Voici un exemple, gracieuseté de Paul Fillare, qui propose des services juridiques.

Prospects : « Que faites-vous pour gagner votre vie ? »

Paul : « Imaginez que vous vous disputez avec le propriétaire de l'immeuble parce qu'il fait beaucoup de promesses mais ne répare jamais rien. Votre nettoyeur abîme votre chemise préférée et il y a un écriteau ‹ non responsable des objets abîmés. › Vous recevez une contravention pour excès de vitesse alors que vous savez que vous n'avez pas fait d'excès de vitesse. Ou encore, vous êtes victime d'un vol d'identité. Eh bien, j'aide les gens à faire disparaître toutes ces situations, comme si elles n'avaient jamais existées. »

Vous voulez un autre exemple ?

Prospects : « Que faites-vous pour gagner votre vie ? »

Nous : « Alors imaginez que c'est le moment des vacances familiales. Vous vous dites : ‹ Où devrait-on aller cette année ? Les billets d'avion et les hôtels sont si chers. On ne peut pas aller bien loin. Mais on a tout de même besoin d'une pause. › Eh bien, j'aide les familles à dénicher des vacances cinq étoiles pour le prix d'un hôtel moyen. Maintenant, leurs vacances leur procurent des souvenirs qui durent toute une vie. »

## « Voici l'histoire courte. »

« Supposons que » et « Imaginez que » ne sont pas les seuls façons de signaler à nos prospects que nous sommes sur le point de leur raconter une histoire. La prochaine phrase est encore plus directe : « Voici l'histoire courte. » Il ne fait aucun doute dans l'esprit de nos prospects que nous allons leur raconter une histoire. Et c'est très bien ainsi car tout le monde aime les histoires, surtout si elles sont courtes. Tout le monde est occupé. Quand on promet que notre histoire sera courte, ils sont prêts à nous écouter.

Voici quelques d'autres exemples de réponses à la question « Que faites-vous pour gagner votre vie ? » en utilisant cette autre amorce.

> « Voici l'histoire courte. Recevez-vous une facture d'électricité ? Posez-vous la question suivante : ‹ Est-ce que j'aimerais que ma facture d'électricité soit moins élevée pour pouvoir consacrer cette économie d'argent à quelque chose qui me plaît ? › Eh bien, c'est ce que je fais. Maintenant, demandez-vous si vos voisins vous apprécieraient davantage si vous leur permettiez aussi de faire des économies. Bien sûr que oui ! Eh bien en faisant cela, vous gagnerez de l'argent chaque fois que vos voisins allumeront leurs lumières. »

Et voilà. Notre message est complet et livré en quelques secondes. Nos prospects entendent notre message, et ils peuvent maintenant déterminer si notre information leur sera utile ou non.

D'autres exemples ? En voici quelques uns.

« Voici l'histoire courte. Les emplois interfèrent avec notre semaine. Non seulement ils monopolisent huit heures de notre temps chaque jour, mais faire la navette quotidiennement rend la chose encore plus pénible. Quand on rentre enfin à la maison pour voir notre famille, on se sent épuisés. J'offre donc aux gens la possibilité de travailler de la maison en développant leur propre entreprise. Beaucoup de gens apprécient cette option. »

Nos prospects entendront cette histoire et décideront si c'est une bonne option pour eux, ou non.

« Voici l'histoire courte. Vous méritez une augmentation. Il est plus facile d'obtenir cette augmentation en développant votre propre entreprise à temps partiel. »

Que pensez-vous que nos prospects vont nous demander ensuite ? C'est bien quand les prospects nous demandent plus d'informations sur notre entreprise.

Essayons un exemple de produit diététique.

« Voici l'histoire courte. Les gens font de l'exercice, se privent de nourriture et mangent des aliments bizarres. Et suivre un régime implique qu'il faut éventuellement y mettre fin. Puis on reprend le poids perdu, avec quelques kilos supplémentaires pour nous punir d'avoir essayé. Je montre aux gens comment perdre du poids en ne faisant jamais de régime. Il leur suffit de changer ce qu'ils prennent au petit déjeuner. »

Les soins de la peau ?

« Voici l'histoire courte. Les rides sont inévitables. On ne peut pas les éviter... mais on peut les retarder de 15 ou 20 ans avec les bons soins de peau. Je montre aux femmes où trouver et comment utiliser les bons soins pour leur peau. »

Nettoyants écologiques ?

« Voici l'histoire courte. Tout le monde veut aider l'environnement, mais on manque de temps de ramasser les déchets dans nos rivières et nos lacs. On peut par contre aider davantage l'environnement en adoptant des nettoyants écologiques au lieu des détergents chimiques qu'on retrouve sur les tablettes. J'aide les gens à effectuer ce changement. »

Des produits de santé ?

« Voici l'histoire courte. Nous allons tous mourir, mais inutile de se précipiter. La plupart des gens se demandent : ‹ Que puis-je faire pour prolonger ma vie ? › J'aide les gens à mettre toutes les chances du bon coté. »

Les prospects adorent quand on leur dit : « Voici l'histoire courte. » Cette formule les informe que nous ne prendrons pas beaucoup de leur temps.

Factures de services publics ?

« Voici l'histoire courte. Vous recevez une facture d'électricité. Aussi bien payer un tarif moins élevé. »

Les téléphones portables ?

« Voici l'histoire courte. Vous payez votre facture de téléphone portable tous les mois. Mieux vaut payer moins cher. »

Prêt à explorer quelques phrases magiques pour conclure avec nos prospects ?

# CONCLURE ET OBTENIR UNE DÉCISION.

Notre plus grand obstacle pour conclure et obtenir une décision ?

La procrastination.

Il est facile de ne **pas** prendre de décision. Ça ne demande aucun effort. On peut retarder indéfiniment notre engagement à agir. Voici à quoi ça ressemble.

« J'ai besoin de réfléchir. »

« On vous recontactera. »

« J'ai besoin de faire plus de recherches. »

« Nous ne sommes pas encore prêts à commencer. »

« Laissez-moi demander à mes amis d'abord. »

« Mon conjoint et moi devons en discuter davantage. »

« Je n'ai pas encore eu l'occasion de regarder votre document. »

« Y a-t-il une vidéo ou plus d'informations que vous pourriez m'envoyer ? »

On observe les prospects qui repoussent leurs décisions, on abandonne et on espère obtenir la prime « J'ai fait de mon mieux » de la compagnie. Et tout comme les décisions de ces prospects, ces primes n'arrivent jamais car elles ne font pas partie du plan de rémunération.

Nous ne sommes payés que pour les décisions de type « oui. »

Essayons donc de trouver des mots et des phrases magiques pour guider nos prospects vers des décisions plus rapides, et surtout, positives.

## « Choisir. »

Lorsqu'on démarre notre entreprise, on invente ou on devine ce qu'il faut dire à nos prospects.

Notre raisonnement ? « Oh, je me sens bien. J'avais le pressentiment que c'est quelque chose que je devais essayer. Mon nouveau plan est confier ma réussite au hasard. » Ouf ! Ce n'est peut-être pas le meilleur plan pour construire une entreprise solide pour l'avenir.

Comparons et voyons la différence de résultats que procurent des phrases plus professionnelles et plus efficaces.

Un distributeur amateur qui fait appel à son intuition : « Euh, alors qu'est-ce que tu as préféré dans ce que je t'ai montré ? Aimerais-tu te joindre à nous ? Mon parrain a gagné beaucoup d'argent. Nous sommes uniques. Allez, pourquoi ne pas essayer ? »

Un distributeur professionnel qui utilise de meilleures phrases : « Choisir d'aller de l'avant est un choix. Choisir de ne pas aller de l'avant est aussi un choix. »

Lorsqu'on utilise le mot « choisir, » de bonnes choses se produisent.

Tout d'abord, nos prospects ont le sentiment de contrôler la situation. Leur crainte que nous fassions pression sur eux afin qu'ils prennent une décision disparaît. Lorsque les prospects se détendent, ils peuvent prendre une meilleure décision, en fonction de leurs besoins.

Deuxièmement, lorsque nos prospects « choisissent, » ils prennent leur décision finale tout de suite. Nous n'avons pas à craindre qu'ils retardent les choses en disant : « J'ai besoin d'y réfléchir. »

Troisièmement, il n'y a pas de risque de rejet. Tout ce que nous faisons, c'est permettre à nos prospects de choisir ce qui leur convient le mieux. S'ils choisissent d'aller de l'avant avec nous, tant mieux. S'ils choisissent de ne pas aller de l'avant, c'est très bien aussi. C'est peut-être ce qu'il y a de mieux pour eux.

Voici la bonne nouvelle. Nous pouvons utiliser des approches percutantes qui portent à réflexion et d'autres techniques plus avancées pour faire de notre choix le meilleur choix qui soit ! Pas de vente ou de persuasion. Les prospects sont intelligents. Ils ont leur propre jugement et ils peuvent déterminer ce qui est le mieux pour eux. Ils nous choisiront, et choisiront notre option. Voici à quoi cela ressemble concrètement.

Etienne Laliberté dit à ses prospects : « Choisir de ralentir le processus de vieillissement avec des compléments alimentaires est un bon choix. Mais vous pouvez aussi choisir de ne pas investir dans votre santé et maintenir votre vitesse de vieillissement actuelle. »

Les prospects pensent : « Quoi ? Maintenir ma vitesse de vieillissement actuelle ? Non. Non. Non. Donne-moi ces compléments ! »

Fabriquons d'autres exemples.

« Choisir de débuter notre programme de perde de poids maintenant est un excellent choix. Et choisir de garder votre poids actuel en ne débutant pas ce programme est aussi un choix. »

« Choisir de commencer à construire votre entreprise à temps partiel ce soir est un choix que vous pouvez faire maintenant. Mais vous pouvez aussi choisir de ne pas vous lancer et vous contenter de faire la navette pour votre emploi actuel jusqu'à la retraite. »

« Choisir de faire le grand saut et de devenir votre propre patron est un choix. Mais vous pouvez aussi choisir de ne pas le faire et continuer à travailler pour quelqu'un d'autre. »

« Opter pour des vacances de rêve en profitant de notre service est un choix que votre famille va adorer. Mais vous pouvez aussi choisir de continuer à prendre les mêmes vacances que l'année dernière. »

« Choisir de joindre notre entreprise et d'acquérir de nouvelles compétences est un choix. Mais vous pouvez aussi choisir de rester là où vous êtes en continuant à faire ce que vous faites. »

Nos prospects se sentent bien. On leur transfère le contrôle. Mais ne vous inquiétez pas. Lorsqu'on présente à nos prospects les véritables options, la plupart d'entre eux opteront pour nos solutions.

## « Alors qu'est-ce qui sera plus facile pour vous ? »

Utilisons ces mots : « Alors qu'est-ce qui sera plus facile pour vous ? » Et donnons ensuite deux options à nos prospects.

**Option #1.** Continuer la vie telle qu'elle est. Oui, prendre la décision de ne rien faire **est** une décision.

**Option #2.** Passer à l'action suite à notre message. Notre prospect décide d'acheter notre produit ou joindre notre entreprise.

Voyons comment on peut utiliser cette puissante formule pour conclure :

> « Alors, qu'est-ce qui sera plus facile pour vous ? Continuer à affronter le trafic chaque jour pendant le reste de votre carrière professionnelle ? Ou bien, enclencher ce soir le compte à rebours pour licencier votre patron afin de pouvoir travailler de la maison ? »

Fini la procrastination. Nos prospects doivent décider s'ils préfèrent ne rien faire, abandonner toute forme d'espoir et se résigner à une vie de trajets misérables dans les embouteillages... ou s'ils veulent agir maintenant, afin de pouvoir envisager un avenir différent. C'est facile. Pas de rejet. C'est fait.

Vous voulez d'autres exemples ?

« Alors, qu'est-ce qui sera plus facile pour vous ? Prendre soin de votre peau maintenant, ou devoir recourir à des injections de Botox plus tard ? »

« Alors qu'est-ce qui sera plus facile pour vous ? De continuer à prendre vos vacances dans le petit appartement de votre belle-mère ? Ou de vivre de vraies vacances en famille en profitant de nos services de voyage à prix réduit ? »

« Alors qu'est-ce qui sera plus facile pour vous ? Demander à votre patron une augmentation de 50%, ou démarrer votre entreprise à temps partiel maintenant pour gagner tout l'argent dont vous avez besoin ? »

« Alors qu'est-ce qui sera plus facile pour vous ? Avoir honte de payer les tarifs d'électricité les plus élevés de tout le voisinage ? Ou de prendre cinq minutes en ligne maintenant ensembles pour que vous profitiez vous aussi du tarif le plus bas ? »

« Alors qu'est-ce qui sera plus facile pour vous ? Continuer à faire des régimes, de l'exercice, manger des aliments bizarres et reprendre votre poids ensuite ? Ou encore, d'adopter notre boisson protéinée amaigrissante au petit déjeuner et de ne plus jamais vous soucier de faire un régime ? »

« Alors qu'est-ce qui sera plus facile pour vous ? De continuer à perdre patience dans les bouchons de circulation tous les jours jusqu'à l'âge de 65 ans ? Ou de démarrer votre entreprise à temps partiel ce soir pour pouvoir travailler de la maison l'an prochain ? »

« Alors qu'est-ce qui sera plus facile pour vous ? Continuer à tirer le diable par la queue avec un seul salaire ? Ou créer une entreprise à temps partiel pour générer plus d'argent ? »

Cette formule clarifie les choix qui s'offrent à nos prospects en ajouter du poids de notre coté de la balance.

## « Ça marche pour vous ou pas. Alors, que voulez-vous faire ? »

Voici une autre formule pour obliger nos prospects à faire un choix. Lorsque le choix doit être fait, la procrastination disparait. Voici quelques exemples rapides d'application.

« Recevoir un chèque de paie supplémentaire, ça marche pour vous ou pas. Alors, que voulez-vous faire ? »

« Perdre du poids en changeant ce que vous prenez au petit déjeuner, ça marche pour vous ou pas. Alors, que voulez-vous faire ? »

« Être votre propre patron plutôt que de recevoir des ordres de quelqu'un d'autre, ça vous convient ou non. Alors, que voulez-vous faire ? »

« Avoir une peau plus jeune, ça vous branche ou pas. Alors, que voulez-vous faire ? »

« Être payé à votre juste valeur, soit ça fonctionne pour vous, soit ça ne fonctionne pas. Alors, que voulez-vous faire ? »

« Être moins vulnérable en développant une seconde source de revenus, ça vous intéresse ou pas. Alors, que voulez-vous faire ? »

« Avoir une chance de gagner des vacances entièrement payées, ça vous branche ou pas. Alors, que voulez-vous faire ? »

« Réduire votre facture d'électricité en prenant cinq minutes avec moi en ligne, ça vous convient ou pas. Alors, que voulez-vous faire ? »

Les prospects apprécient les options. Ils se sentent maîtres de la situation. Pourquoi ne pas satisfaire nos prospects en leur permettant de choisir ce qui est le mieux pour eux ? »

Vous voulez une autre phrase fantastique qui permet de soulager nos prospects ? On peut résumer notre présentation et conclure en disant:

« Vous pouvez décider de commencer aujourd'hui, ou vous pouvez décider de ne pas commencer aujourd'hui et de garder votre vie exactement telle qu'elle est. »

Le choix est clair. Et la plupart des gens désirent changer quelque chose à leurs vies.

## « Comment vous sentirez-vous quand... ? »

Il est facile de maintenir l'attention de nos prospects lorsque ce sont eux qui parlent. Les prospects aiment parler d'eux-mêmes. En leur tendant l'oreille, on établit une connexion plus forte. Les gens aiment les gens qui écoutent.

On incite nos prospects à parler en leur posant des questions. Mais le type de questions qu'on pose a une grande incidence sur les résultats. On ne veut pas poser des questions qui nécessitent de simples réponses « oui » ou « non. » On posera plutôt des questions ouvertes qui inciteront nos prospects à parler plus longtemps.

Nous pouvons aussi aller plus loin. Que diriez-vous si notre question amenait nos prospects à réaliser les avantages de notre offre ? Il est plus facile pour les prospects d'acheter lorsqu'ils peuvent s'imaginer en train d'utiliser notre produit ou, de jouir des avantages de notre opportunité. Nous avons probablement tous entendu quelqu'un dire : « Je ne me vois pas faire ça. » Cela signifie qu'ils n'arrivent pas à imaginer que ça puisse leur arriver un jour. Ce qui les conduit à la décision « non. »

Voici une excellente question que nous pouvons utiliser pour déclencher le mode visualisation chez nos prospects :

« Comment vous sentirez-vous quand... ? »

Cette question active le projecteur de cinéma dans leur esprit. Voici un exemple.

« Comment vous sentirez-vous quand vous vous placerez devant le miroir, portant vos vêtements du lycée qui vous vont toujours comme un gant ? »

Notre prospect visualise un corps plus mince et plus en forme devant le miroir. Un sourire se dessine dans son visage. Notre prospect se vend l'idée pratiquement tout seul maintenant.

D'autres exemples.

« Comment vous sentirez-vous lorsque vous entrerez dans le bureau de votre patron pour lui dire que vous ne pouvez plus l'intégrer dans votre emploi du temps ? »

« Comment vous sentirez-vous quand vous constaterez que vous semblez être le plus jeune participant à votre réunion d'anciens élèves du secondaire ? »

« Comment vous sentirez-vous quand toute votre famille s'installera autour de la table dans ce magnifique centre de villégiature, et que vous n'aurez plus à vous soucier de l'addition ? »

« Comment vous sentirez-vous lorsque vous grimperez sur la balance et constaterez que vous avez déjà perdu 5 kilos ? »

« Comment vous sentirez-vous lorsque vous annoncerez à vos enfants que les vacances de cette année seront à Disneyland ? »

« Comment vous sentirez-vous lorsque vous direz à votre propriétaire désobligeant : ‹ Juste un instant. Laissez-moi appeler mon avocat. › »

« Comment vous sentirez-vous lorsque vous pourrez dormir jusqu'à 7h30 tous les matins parce que vous n'avez plus à vous combattre les embouteillages ? »

« Comment vous sentirez-vous quand vous saurez que votre chèque de commissions augmente chaque fois que vos voisins allument leurs lumières ? »

Plus nous pouvons introduire cette question tôt dans la conversation, plus elle est efficace. Pourquoi ? Parce que c'est lorsque notre prospect s'imagine profiter de notre offre dans son esprit que se prend sa décision !

Nos prospects prennent d'abord des décisions émotion-nelles. Plus tard, ils justifient leurs décisions par la logique.

## « Est-ce logique... »

Dans les typologies de personnalités, les « verts » sont les types analytiques. On les retrouve dans des professions telles que la programmation, la comptabilité et l'ingénierie. Lorsqu'on souhaite qu'une personnalité de couleur verte prenne une décision, il suffit d'utiliser cette question.

« Est-ce logique pour vous de faire cela ? »

Cette question ne les pousse pas dans un coin, en les for-çant à prendre une décision « oui » ou « non. » Au contraire, on leur demande seulement si notre offre a un sens pour eux. C'est une différence énorme pour une personnalité verte. Ils ne se sentent pas bousculés. Voici quelques exemples.

« Est-il logique de débuter maintenant, afin de recevoir votre premier chèque dès la semaine prochaine ? »

« Est-ce logique pour nous de démarrer la cure de désintoxication et de s'entraider en étant redevables l'un envers l'autre ? »

« Est-il logique de commander un approvisionnement de deux mois maintenant ? »

« Est-il logique de cesser d'espérer une augmentation de salaire de 50% ? »

« Est-il logique d'ajouter un second revenu pour rendre la retraite plus confortable ? »

## « Si... sinon... »

D'une certaine façon, le mot « si » attire notre attention. Nous avons peut-être l'impression que quelque chose de mal va nous arriver, mais le mot « si » indique que nous pouvons faire quelque chose pour y remédier. Quoi qu'il en soit, le mot « si » est amusant à utiliser car il fonctionne.

Voici quelques exemples d'utilisation de la formule « Si... sinon... »

« Si aller travailler, payer tes factures et économiser le peu qu'il reste ça marche pour toi... c'est parfait. Sinon, discutons. »

« Si travailler pour un patron, faire la navette tous les jours et prendre quelques semaines de vacances chaque année te convient... super. Sinon, on devrait en parler. »

« Si suivre un régime, faire de l'exercice et manger des aliments étranges vous convient... super. Sinon, remplacez votre petit déjeuner par notre boisson nutritive et perdez ces kilos en trop. »

« Si vous pouvez tolérer les escroqueries et les abus... pas de problème. Sinon, utilisez notre plan juridique. »

« Si le fait de laisser votre peau se dessécher de l'intérieur vous convient... pas de problème. Sinon, utilisez ceci tous les soirs avant de vous coucher. »

« Si les vacances ordinaires vous conviennent... pas de problème. Sinon, jetons un œil à ceci. »

Non seulement nous attirons l'attention de nos prospects, mais on conclut et on obtient des décisions instantanées.

## « Voulons-nous prendre le risque de ne rien faire ? »

Nous ne voulons pas être agressifs ni mettre la pression. Mais, ne rien faire est en fait la décision de rester exactement là où nous sommes. Il y a des risques si nous n'apportons pas de changements dans notre vie.

Une partie de notre message devrait consister à faire connaître à nos prospects non seulement les avantages, mais aussi les risques. Le mot « risque » capte rapidement l'intérêt de nos prospects.

Tout le monde veut éviter les risques. Pourquoi ? Parce que nous avons une peur énorme de perde. Un vieux dicton dit que : « La peur de perdre est plus forte que le désir de gagner. »

Notre mission est de transmettre notre message à des esprits ouverts. Nos prospects peuvent ensuite décider si notre message les servira ou non. Le mot clé est ici « décider. » Nos prospects doivent prendre la décision d'aller de l'avant, ou de rester où ils en sont.

Pour ce faire, nous allons rafraîchir la vision du risque de nos prospects. Nous leur ferons savoir qu'il y a un risque à aller de l'avant, bien sûr. Mais nous ferons également savoir à nos prospects qu'il pourrait être risqué de rester là où ils sont.

Nous allons aussi adoucir notre intervention/question en nous y incluant. De cette façon, cela ne semblera pas aussi agressif ou effrayant. Voici quelques exemples.

« Voulons-nous risquer notre avenir financier en concentrant tous nos revenus au même endroit ? »

« Qu'arrivera-t-il à notre peau si on ne la protège pas contre les rides ? »

« Qu'arrivera-t-il si nous ne faisons pas de régime et qu'on ne commence pas à perdre du poids ? »

« Comment allons-nous faire face à l'augmentation du coût de la vie si nous n'avons pas de second revenu ? »

On peut aussi glisser ces mots dans notre présentation classique. Voyons si cela captera l'attention de nos prospects.

« Vous n'avez pas à profiter de notre opportunité. Mais vous vous dites peut-être : ‹ Si je ne la saisis pas, quels sont mes risques actuels de dépendre de mon patron pour obtenir des augmentations afin de pouvoir joindre les deux bouts ? › »

Une autre façon de le dire ?

En voici une : « Alors, que va-t-il arriver aux personnes qui décident de tout miser sur leur seul revenu de travail ? Je vous laisserai prendre ce risque si vous décidez de limiter ainsi vos sources de revenus. »

Aïe !

Maintenant, nous avons des prospects qui réfléchissent à notre offre. Notre message a été entendu.

## « Êtes-vous marié à votre travail ou avez-vous l'esprit ouvert ? »

J'aime cette phrase parce qu'elle nous aide à conclure avec nos prospects avant même de débuter notre présentation.

Il y a vingt ans, Jean-Philippe Hulin et moi animions un atelier en Belgique. En déjeunant, nous avons remarqué que le serveur était extrêmement occupé. Il s'est arrêté à notre table et Jean-Philippe lui a lancé : « Êtes-vous marié à votre travail, ou avez-vous l'esprit ouvert ?

Le serveur nous a répondu : « Ouvert d'esprit ! Mon collègue ne s'est pas présenté au travail aujourd'hui. Je fais le boulot de deux personnes. De plus, je ne quitterai pas ce travail à 17 heures aujourd'hui comme prévu. Puisque mon collègue ne s'est pas présenté, je dois travailler jusqu'à 20 heures. Oui, j'ai l'esprit ouvert ! »

Nous avons dit au serveur que nous lui parlerions plus tard dans l'après-midi lorsque nous aurions terminé l'atelier. Il était trop occupé de toute façon.

Nous avons pris une pause-café en milieu d'après-midi. Notre serveur ouvert d'esprit a fait un crochet par notre table pour nous dire : « Vous ne m'oublierez pas, n'est-ce pas ? Je suis impatient de parler avec vous. »

Pourquoi était-ce si facile ?

D'abord, la plupart des gens ne veulent pas dire ouvertement : « Je suis borné. » C'est donc facile d'obtenir un « oui » quand on demande : « Êtes-vous ouvert d'esprit ? »

Deuxièmement, il y a tant de gens qui sont insatisfaits de leur travail. Ils veulent plus dans leur vie, mais ne savent pas où et comment le trouver. Ils sont heureux d'entendre que nous pouvons leur offrir une option supplémentaire dans leur vie.

Pensez aux personnes qui répondent : « Non, je n'ai pas l'esprit ouvert. Je suis content de mon travail. Je ne veux pas regarder autre chose. » Ces prospects non qualifiés nous ont tout simplement fait épargner du temps, de même qu'à eux-mêmes.

Regardons quelques variantes de cette approche.

« Êtes-vous ouvert à de nouvelles opportunités de carrière ? »

« Êtes-vous ouvert à une nouvelle façon de perdre du poids ? »

« Êtes-vous ouvert à de nouvelles options de soins de la peau ? »

« Avez-vous l'esprit ouvert lorsqu'il s'agit d'acheter de nouveaux produits ? »

## « Je vous résume le tout. »

Dans les rapports financiers, la plupart des gens ne voient qu'une série de chiffres. Le seul chiffre qui les intéresse se trouve à la dernière ligne, le bilan final. Celle-ci indique si l'entreprise a gagné ou perdu de l'argent. Bref, c'est le résumé de l'ensemble du rapport.

Lorsqu'on dit : « Je vous résume le tout » à un prospect, ses oreilles se dressent. Son esprit se dit : « Génial. C'est tout ce que j'ai besoin de savoir. Donne-moi l'information maintenant. »

C'est une autre excellente occasion de transmettre notre message puisque nous avons capté l'attention de nos prospects. Voici quelques exemples rapides.

« Je vous résume le tout. Si on ne crée pas notre propre entreprise, on se condamne à une vie de métro-boulot-dodo. »

« Je vous résume le tout. Ne jamais suivre de régime. Pourquoi ? Parce que quand vous y mettez fin, chaque fois le poids revient en force. »

« Je vous résume le tout. Personne n'aura droit à une augmentation de salaire de 50% cette année. La seule façon d'y arriver, c'est de développer notre propre affaire. »

« Je vous résume le tout. On veut tous vivre plus longtemps. Ce que j'offre peut vous aider. »

« Je vous résume le tout. Chaque fois que l'on flanche pour la malbouffe, on se sent comme des rebus. »

« Je vous résume le tout. Cela peut prendre des années avant d'obtenir une promotion. Par contre, vous pouvez créer votre promotion aussi rapidement que vous le souhaitez dans notre entreprise. »

« Je vous résume le tout. Si nous continuons à faire les mêmes choses et à occuper le même poste, rien ne changera. »

« Je vous résume le tout. À 50 ans, on ne peut plus économiser suffisamment pour prendre sa retraite. On a besoin d'une seconde source de revenu. »

« Je vous résume le tout. Vous pouvez continuer à payer plus pour vos vacances en famille, ou vous pouvez économiser beaucoup d'argent en les réservant chez nous. »

Si on commençait notre présentation en décrivant le « résultat, » la plupart des prospects, en particulier les personnalités de type rouge, nous adoreraient.

## « Est-ce que ça vous convient de... ? »

Nous parlons de cette puissante phrase de sept mots dans nos livres : « Pré-Conclure pour le Marketing Relationnel » et, « Conclure pour le Marketing Relationnel. »

Utiliser cette puissante phrase de sept mots capte instantanément l'attention de nos prospects. Ils s'arrêtent et pensent : « Je suis sur le point de perdre quelque chose. Je n'aime pas perdre des choses. J'ai peur de rater ou de perdre quelque chose. Qu'est-ce que c'est ? Dites-le-moi maintenant ! » On peut maintenant glisser notre message dans leurs têtes en franchissant toutes les barrières qui filtrent habituellement la communication.

On peut utiliser cette phrase au début de nos conversations avec nos prospects. Voici quelques exemples.

« Est-ce que ça vous convient de passer tout ce temps dans les bouchons de circulation pour le reste de votre carrière ? »

« Est-ce que ça vous va de ne pas générer suffisamment d'argent pour en mettre de coté pour votre retraite ? »

« Est-ce que ça vous convient de devoir travailler 45 ans de votre vie comme vos parents ? »

« Est-ce que ça vous va de devoir vous priver de manger pour faire la diète, pour ensuite reprendre votre poids une fois la diète terminée ? »

« Est-ce que ça vous convient de ne rien faire pour empêcher la formation des rides ? »

« Est-ce que ça vous va de montrer à vos enfants des photos de Disneyland plutôt que de les y emmener ? »

« Êtes-vous d'accord avec le fait de travailler 40 heures par semaine pour construire le rêve de votre patron, et ne plus avoir de temps pour vos propres rêves ? »

« Est-ce que ça vous va de laisser les enfants à la garderie pendant que vous travaillez ? »

« Est-ce que ça vous convient d'être sans défense quand d'autres personnes essaient de profiter de vous ? »

« Est-ce que ça vous va de mettre de côté vos rêves pour continuer à occuper cet emploi ? »

« Est-ce que ça vous va de vous sentir fatigué et grincheux chaque jour en rentrant du travail ? »

« Êtes-vous confortable avec le fait de vous sentir vieux et de ne rien faire pour y remédier ? »

Comme on peut le constater, cette phrase génère une douleur instantanée - et par conséquent, des décisions instantanées - dans l'esprit de nos prospects. Maintenant, ils sont attentifs. Ils ne veulent pas subir les conséquences de l'inaction.

On peut également utiliser cette phrase à la fin de nos présentations. Quelques exemples ?

« Êtes-vous ça vous va de jeter l'éponge sans même essayer ? » (D'accord, un peu agressif, mais le choix est clair.)

« Est-ce que ça vous va de ne pas tenter de résoudre ce problème ? »

« Est-ce que ça vous convient de continuer à suivre des régimes qui ne fonctionnent pas ? »

« Êtes-vous d'accord de ne pas utiliser ce sérum pour la peau et laisser votre peau continuer à vieillir ? »

« Est-ce que ça vous va de ne pas avoir d'argent supplémentaire et de regarder la télévision en guise de loisir ? »

« Est-ce que ça vous convient de continuer à repousser la décision pour régler ce problème ? »

« Est-ce que ça vous va de laisser l'âge continuer à vous affecter ? »

« Vous êtes d'accord avec le fait de continuer à occuper un poste pour lequel vous n'avez plus de patience ? »

« Est-ce que ça vous convient de continuer à payer trop cher votre facture d'électricité plutôt que de se connecter ensemble cinq minutes en ligne ? »

Ces sept mots permettent à nos prospects de se libérer l'esprit et de prendre une décision. Lorsque les décisions sont difficiles et pénibles à prendre, notre capacité d'attention flanche et on se met à penser à quelque chose de plus agréable. Cette formule de sept mots permet facilite la prise de décisions.

# DES FORMULES MAGIQUES POUR LIRE DANS LES PENSÉES.

Des choses très intéressantes se produisent lorsque nous mettons à profit nos formules pour lire dans les pensées.

Tout d'abord, lorsque nous lisons dans l'esprit de nos prospects, nous créons de meilleures connexions. Ils ont le sentiment que nous les comprenons. Ils se disent : « Vous et moi pensons de la même façon. » C'est une bonne chose. On dissipe une grande partie des doutes et du scepticisme qu'ils pourraient soulever envers nous et notre message.

Deuxièmement, ils sont impressionnés. Ils nous attribuent de super pouvoirs. Ce qui nous procure encore plus d'influence et d'impact dans la transmission de notre message.

Alors entrons dans l'esprit de nos prospects avec ces mots et formules magiques qui ouvrent les esprits.

## « Comme vous le savez probablement. »

Si nos prospects savent déjà ce que nous allons dire, c'est que ce doit être vrai. Ce qui implique que nous n'avons pas besoin de faire appel aux graphiques, aux multiples preuves et aux détails interminables. Nous pouvons donc livrer un message clair. Quelques exemples ?

« Comme vous le savez probablement, faire la navette chaque jour pour le travail réduit considérablement le temps de qualité en famille. »

« Comme vous le savez sans doute, perdre du poids est très difficile. »

« Comme vous le savez sans doute, les rides ne s'effacent pas par elles-mêmes. »

« Comme vous le savez probablement, travailler monopolise considérablement nos semaines. »

« Comme vous le savez sans doute, un second revenu nous permet d'atteindre beaucoup plus rapidement la retraite. »

« Comme vous le savez probablement, les vacances en famille sont dispendieuses. »

En ajoutant les mots : « Comme vous le savez probablement » à nos faits, nous les rendons encore plus crédibles. C'est donc une autre excellente façon de faire passer notre message aux prospects.

## « Si vous êtes comme la plupart des gens. »

La plupart des gens sont comme la plupart des gens. Et, la plupart des gens veulent être comme les autres. Pourquoi ? Parce que nous savons instinctivement qu'il est plus sûr de faire partie d'un groupe. Inutile d'investir beaucoup de temps à réfléchir à nos options si la plupart des gens ont fait le choix « X » avant nous.

Voyons quelques exemples rapides.

« Si vous êtes comme la plupart des gens, vous voulez envoyer vos enfants dans les meilleures écoles. »

« Si vous êtes comme la plupart des gens, vous voulez perdre du poids mais sans devoir vous priver. »

« Si vous êtes comme la plupart des gens, un deuxième revenu chaque mois faciliterait grandement les choses. »

« Si vous êtes comme la plupart des gens, vous rêvez probablement de devenir votre propre patron. »

« Si vous êtes comme la plupart des gens, vous souhaitez repousser les rides le plus longtemps possible. »

« Si vous êtes comme la plupart des gens, il est peu probable qu'on vous accorde une augmentation de salaire de 50% cette année. »

« Si vous êtes comme la plupart des gens, vous avez remarqué que les choses coûtent plus cher maintenant. »

Cette phrase aide nos prospects à accepter les faits qu'on leur présente d'emblée. On peut ensuite passer à la suite de notre message.

Comme vous pouvez le constater, « Si vous êtes comme la plupart des gens » est une phrase très puissante. Pourquoi ?

Comme on le sait déjà, prendre des décisions peut parfois s'avérer difficile. Réfléchir, envisager et peser les options est une opération très énergivore pour notre cerveau. Pour éviter cette dépense énergétique, notre cerveau cherche des raccourcis.

L'un de ces raccourcis est de regarder ce que d'autres personnes ont fait avant nous. C'est pourquoi les évaluations et/ou les statistiques sont importantes dans le processus décisionnel. Lorsque confronté à un trop grand nombre d'options, notre cerveau cherche la porte facile. Il se dit : « Faisons ce que la plu-part des autres personnes ont fait dans une situation similaire. »

On se sent en sécurité lorsqu'on suit la foule.

Aimeriez-vous rendre cette formule encore plus personnelle ?

Remplacez-la par : « Si vous êtes comme moi... »

Voici quelques exemples rapides.

« Si vous êtes comme moi, vous détestez les déplacements. »

« Si vous êtes comme moi, vous avez du mal à mettre de côté du temps pour faire de l'exercice. »

« Si vous êtes comme moi, vous détestez que les gens qui profitent de vous. »

« Si vous êtes comme moi, vous voulez que votre visage offre la meilleure première impression possible. »

## « Vous vous demandez probablement... »

Tout le monde réfléchit... toujours. Alors, ce que nous allons faire, c'est tenter de deviner ce qu'ils pensent. Il ne faut pas s'inquiéter si parfois nous avons tort. Pourquoi ? Parce que cette formule utilise le mot « probablement » et non « certainement. » Et si on devine juste, nous sommes perçus comme des génies ! Quelques exemples :

« Vous vous demandez probablement : ‹ Dois-je être de type vendeur ? › »

« Vous vous demandez probablement : ‹ Combien cela va me coûter ? › »

« Vous vous demandez probablement : ‹ Où vais-je trouver des gens à qui parler ? › »

« Vous vous dites probablement : ‹ Comment je saurai si ça fonctionne ou non ? › »

« Vous vous demandez probablement : ‹ Est-ce vraiment possible de travailler de chez moi ? › »

« Vous vous demandez probablement : ‹ Y a-t-il une quelconque garantie ? › »

« Vous vous dites probablement : ‹ Que dois-je faire pour gagner cet argent ? › »

Cette approche nous aide à créer des liens avec nos prospects. Ils sentent que nous éprouvons de l'empathie pour leur situation et leurs questionnements.

Une phrase alternative : « Vous vous dites peut-être. » Les deux expressions fonctionnent. Utilisons celle qui nous semble la plus naturelle.

# ET FINALEMENT...

Les premières secondes sont cruciales.

Nous avons une chance de capter l'attention de nos prospects. Pouvons-nous le faire ?

Oui.

Si nous échouons, notre message ne sera pas entendu.

En choisissant d'utiliser ces mots et ces phrases magiques, nous ajouterons beaucoup de lumière à notre avenir dans le marketing relationnel. Beaucoup plus de gens porteront une oreille attentive à nos merveilleux messages et s'y intéresseront.

Alors...

Si parler à des zombies au regard vide vous convient... parfait. Sinon, utilisez ces phrases magiques pour capter et maintenir leur attention, puis observez votre entreprise prendre son envol.

# MERCI.

Merci d'avoir acheté et d'avoir lu ce livre traitant de quelques unes des techniques de motivation utilisées en marketing relationnel. J'espère que vous y avez trouvé quelques idées qui fonctionneront aussi pour vous.

Avant de vous laissez, accepteriez-vous de me faire une petite faveur ? Pourriez-vous prendre une toute petite minute pour rédiger une phrase ou deux afin d'évaluer ce livre en ligne ? Votre évaluation aidera d'autres entrepreneurs à choisir leur prochaine lecture. Ces commentaires sont grandement appréciés des autres lecteurs.

BIG AL
WORKSHOPS

**Ce livre est dédié aux gens de marketing
de réseau de partout.**

Je voyage de par le monde plus de 240 jours chaque année.
Laissez-moi savoir si vous souhaitez que tienne une formation
(Big Al Training) dans votre secteur.

→ BigAlSeminars.com ←

# D'AUTRES LIVRES DE BIG AL BOOKS
## BIGALBOOKS.COM/FRENCH

*Les Quatre Couleurs de Personnalités*

*Les BRISE-GLACES !*

*Comment établir instantanément Confiance, Crédibilité
Influence et Connexion !*

*PREMIÈRES PHRASES pour Marketing de Réseau*

*La Présentation Minute*

*Comment développer votre entreprise de marketing de réseau
en 15 minutes par jour*

*Tout Sur les Suivis Auprès de Vos Prospects en Marketing de
Réseau*

*Guide de Démarrage Rapide en Marketing Relationnel*

*L'histoire Deux-Minutes pour le Marketing de Réseau*

*Comment Développer des Leaders en Marketing Relationnel
Volume Un*

*Pré-Conclure en Marketing Relationnel*

*3 Habitudes Faciles pour Marketing de Réseau*

*Créer un Pouvoir d'Influence*

*Comment Développer une Entreprise de Marketing de Réseau
Axée sur la Nutrition Rapidement*

# À PROPOS DE L'AUTEURS

Keith Schreiter cumule plus de 20 années d'expérience en marketing relationnel et à paliers multiples. Il enseigne aux réseauteurs comment utiliser des systèmes simples pour ériger une entreprise stable et en perpétuelle croissance.

Alors, vous avez besoin de plus de prospects ? Souhaitez-vous que vos prospects s'impliquent plutôt que de tourner en rond ? Vous aimeriez savoir comment engager votre équipe et la maintenir en mouvement ? Si ce sont les types de compétences que vous aimeriez maîtriser, vous adorerez son style « ABC - guide pratique. »

Keith donne des formations et conférences aux États-Unis, au Canada et en Europe.

Tom « Big Al » Schreiter possède plus de 40 ans d'expérience en marketing de réseau et marketing à paliers multiples. En tant qu'auteur des livres classiques de formation « Big Al » publiés à la fin des années '70, il a depuis offert des conférences et ateliers dans plus de 80 pays sur comment utiliser des mots et des phrases précises pour entrer dans la tête des prospects, ouvrir leur esprit et leur faire dire « OUI. »

Sa passion réside dans les idées marketing, les campagnes promotionnelles et les techniques pour s'adresser au subconscient de façon simple et efficace. Il est toujours à l'affut des phénomènes et campagnes marketing innovatrices qui fournissent bien souvent de nouvelles clés.

En tant qu'auteur de nombreuses formations audio, Tom est un orateur très prisé dans les conventions annuelles et les événements régionaux.